마이 스트레인지 보이

마이 스트레인지 보이

이명희 지음

에트르

프롤로그

내 세계가 깨지는 경험

　내가 대학원에서 배운 상담의 목표란 이런 것이었다. 비이성적인 죄책감에 의해 조종되지 않도록 돕고, 열등감을 극복하도록 도와주는 것. 가면을 사용해 살아왔기에 자기 자신과 만나지 못했다는 것을 깨닫게 하고, 자기 손상 목표와 자기 고양 목표를 구분하도록 돕는 것이라고.

　한때는 내가 누군가를 저렇게 도울 수 있을 거라고 믿었단 말인가? 정녕 저 중 하나는 해낼 거라 믿으며 상담사의 꿈을 꾸었던가? 이제는 말할 수 있다. 그건 어림도 없다는 걸.

　장애아의 엄마가 되는 동안 내가 새롭게 알게 된 것은 다음과 같다.

비이성적인 죄책감은 사람의 인생을 완전히 망쳐버릴 수 있으며, 열등감을 극복한다는 것과 열등감을 부정하는 것은 한 끗 차이일 수 있다는 것. 가면을 사용해 살아온 사람은 그나마 그 가면을 사용했기에 그때까지 죽지 않을 수 있었고, 자기를 손상시키든 자기를 고양시키든 따질 거 없이 뭐라도 붙들고 살아봐야 하는 시간이 세상에는 존재하더라는 것을 말이다.

그러니까 이건 내가 살아본 적 없는 방식의 삶이었다. 어떤 문제를 해결하기 위한 방법, 가장 합리적인 해결책 같은 것이 존재한다고 믿어서는 도저히 견딜 수 없는 시간이었다. 이성과 논리와 진심만 있다면 얼마든지 이 삶을 주체적이고 발전적으로, 말하자면 꽤 괜찮은 인생으로 만들 수 있다고 믿었다가는 이내 불행해지고 말 삶이었다.

암만 머리를 굴려봐도 내게 주어진 이 상황에 대한 해결책이라고는 하나는 죽음이요(죽어야 끝난다), 하나는 생각을 달리하는 것뿐이니(다 놓아버려라), 이 얼마나 황당한가. 나는 그 두 선택지 모두에 저항이 일었고, 이 글은 그 저항의 시간들에 대한 기록이다.

제목으로는 뭐가 좋을까.

상담사를 꿈꾸며 상담심리를 공부했다고 해서 장애아의 엄마가 된 사건 혹은 충격 앞에 별다른 묘책이 있는 건 아니었다는 것을 깨닫는 과정의 기록이라 생각하면 '상담심리 전공자의 셀프 상담 실패기' 정도가 적당할 것이다. 내 뜻대로 되는 건 하나도 없다는 무력감을 극복하는 법을 소개하는 책이라 생각하면 '통제력 회복 훈련'이라 해도 좋을 것이다. 혹은 그럼에도 불구하고 어떻게든 이전의 삶의 리듬(성실하고 겸손하며 정직하고 우월하게 살고 싶다는, 묘하게 모순된 생각들이 혼합된 상태)을 유지하며 살아가려 발버둥 치던 시간이라 생각하면 '눈물 없인 읽을 수 없는 현실부정 매뉴얼'이 딱일 것이다. 그리고 만일 이것을 두고 '자신의 세계가 깨지는 경험'의 기록이라 할 수도 있다면, 이 책의 제목은 '시작'이나 '희망'처럼 아주 단순하게 붙여도 충분하리라.

친구가 물었다.
"너 그때 왜 약 먹거나 상담받으러 가지 않고 그냥 버틴 거야?"
그러게. 나 왜 그랬을까.
그때 나는 내 마음의 통증을 조금이라도 줄여볼 어떤 시도도 하지 않았다. 미련했던 걸까, 아니면 아무리 애를 쓴들 여기서 달라지는 건 없을 거라는 앞선 좌절이었을까.
상담심리를 공부하며 '누군가에게 어떤 존재가 되고 싶다' 꿈꿨던 건, 순전히 나를 사랑한 것의 다름 아니었다는 생각도 그제야 하게 되었다. 나는 그저 나를 확인하고 나를 증명하는 것에만 관심 있었을 뿐이고, 그런 내가 내 그릇에 차고 넘치는 뇌성마비 중증 장애아의 엄마가 된 것이다.

나와는 완전히 다른 사람들이 있다. 어쩌다 자신의 몸에 난 상처를 보면 그 즉시 상처 부위에 소독을 하고 연고를 발라 '그 상황에서 가장 적게 잃어버리는 방법'을 바로 실천하는 이들.(그들은 아마 다른 선택지가 있는 줄도 모를 것이다.) 내 몸에서 지금 피가 나고 있다는 사실에 당황해, 그 상처로 인한 흔적의 예후를 가늠하느라 시간을 허비하지 않는 사람들.

내게 지금 이런 일이 일어났는데 이제 어떻게 해야 하는지 여기저기 묻고 다니는 것에 주저함이 없는 사람이 나였다면 어땠을까. 당장 이 상처를 어떻게 해야 할지가 아니라 이 상처를 보고 놀랄 사람들에게 뭐라고 둘러대야 할지가 먼저 떠올라 일단 상처 부위를 아무도 못 보게 가린 다음, 천천히 생각하는 게 더 편하다고 느끼며 지금은 그 부위를 들여다볼 준비가 안 됐다고 열심히 합리화하면서 별일 아닐 거라고 초조하게 중얼거리는 대신에 말이다.

이제 나는 그게 나란 사람이었다는 생각을 한다. 어떤 이유로 내가 그렇게 살았든 그때의 나에게는 그것이 최선이었음을 이해하려 한다. 아무 일도 없다고 믿으려 애쓰며 어디선가 혼자 무서움에 떨었던. 그러면서도 당장 눈앞의 일들을 외면할 수 없어 어느 때는 몸으로 먼저, 어떤 때는 머리로, 한 번씩은 마음으로 그 일들을 겪어내야 했던 나를 위해. 그와 비슷한 시간을 겪어본 누군가를 위해.

차례

프롤로그
내 세계가 깨지는 경험 5

1장　너의 엄마이고 싶지 않았다

왜 쟤가 내 아이라는 거야 14
현실을 부정하라

아이를 죽이자 20
문제의 직접 원인을 제거하라

아이는 두고 나라도 도망치자 30
현장에서 내빼라

하루 종일 TV를 보다 38
딴생각을 하라

쉿! 절대로 아무에게도 말하지 마 44
(원래 있던 곳에) 숨거나 (아이가 아픈 걸) 숨기거나

사연 없는 사람, 내게 다가오지도 마 70
기구한 운명의 주인공을 찾아라

기억이 있는 곳으로 돌아가지 말 것 84
추억이 있는 곳이라면, 절대 접근 금지

2장   여기가 도망칠 수 있는 끝

계속 돌아가는 세상을 구경하자 　　　　　　98
어딘가에서 지속되고 있는 누군가의 삶

냉장고에 바리스타 채워 넣는 걸 잊지 마 　　108
헝클어진 세계에 다시 부여하는 규칙

아이와 상관없는 세계 만들기 　　　　　　122
나를 사람들 속으로 들어가게 하는 법

어딘가에는 말해야만 하는 진심 　　　　　154
내가 비밀 하나 알려줄까

에필로그
나는 앞으로도 이 아이를 사랑하고 미워할 것이다　161

1장   너의 엄마이고 싶지 않았다

왜 쟤가 내 아이라는 거야

현실을 부정하라

문제의 해결은 '말'에 의해서가 아닌
'경험'을 통해서만 가능하다.
초기의 두려움(슬픔, 분노)을 재경험하며
생생하게 교정하게 될 때 치유는 일어난다.

앨리스 밀러(심리학자)

언제나 용기를 가지고 현실에 직면하여 살고 싶었던 내가 있는 힘껏 현실로부터 도망치고자 했던 건 두 개의 사건 때문이다. 사건 개요는 다음과 같다.

사건 1
아이가 예정일보다 3개월 일찍,
임신 26주 5일 만에 1.03kg으로 세상에 나오다

여기까지는 딱히 현실도피를 할 이유가 없었다. 예상치 못한 사건 발생으로 놀라긴 했으나, 내심 이번에도 나는 '천만다행 카드'를 뽑게 될 거라 믿었다. 제발 아무 일(똑같은 상황에서 가장 안 풀린 케이스의 주인공이 되는 일) 없기를 바라며 시도 때도 없이 두 손을 맞잡거나 막연한 두려움에 한 번씩 울긴 했지만.

조산의 부작용 중 가장 예후가 다양하다고 할 수 있는 뇌출혈이 아이에게 발생하면서 뇌척수액 흐름에 이상이 생겨 결국 수두증(뇌실이나 거미막밑 공간에 수액이 고이는 질병) 진단이 내려졌다. 여기까지도 딱히 도망치고 싶은 생각은 없었다. 나는 "애들은 몰라. 너무 걱정하지 마. 의술이 좋아졌어. 그렇게 울고 있지 마"와 같은, 상황에 아주 적절하고 그럴듯하나 근거는 딱히 없는 위로의 말들에 매달렸다. 정말 괜찮을 거라 믿었다면, 그렇게 불안하지 않았을 것이다. 그때부터 일이 뜻대로만 돌아가지 않으리라는 걸 직감했던 것 같다.

아이의 뇌 촬영 영상을 들고 찾아간 서울대 어린이병원 소아신경외과에서 "이 아이가 션트 수술을 받아야 할 확률은 99%입니다"라는 얘기를 들었다. 션트 수술은 뇌척수액의 흐름을 뇌실에서 몸 안의 다른 부위, 주로 복강내나 심장의 한 부분으로 바꿔주는 것이다. 수술을 위해 아이를 더 큰 병원으로 옮기기로 하고 신촌 세브란스 신생아 중환자실로 전원시켰다.

어디엔가 존재한다고 믿었던 어떤 세계가 눈앞에서 무너지기 시작했다. 존재했다고 믿었던 무엇이, 그런데 정말 있기나 했을까? 내가 누군지 비춰주던 거울들은 한순간에 깨져버렸고, 그렇게 나는 오른손을 거의 못 쓰고 오른다리를 까치발로 들고 걷는, 뇌성마비 아이와의 삶을 시작하게 되었다.

여기서 사건 전개가 일단락되고 이 아이를 키워내느라 얼마나 고생했는지에 대해 적고 있다면 어땠을까. 아이의 재활을 위해 어떻게 노력했는지, 이 아이가 얼마나 큰 감동을 주었는지 이야기하며 '뇌성마비 아이, 얼마든지 행복하게 키울 수 있다'와 같은 글을 쓰고 있다면. 그랬다면 지금과 뭐가 달랐을까.

현실은 그렇게 돌아가지 않았다. 곧 두 번째 사건이 발생한다.

사건 2
2016년 12월, 네 살 아이가 원인불명의 뇌손상으로
사지마비 진단을 받고 시력을 잃다

엥? 순전히 어미 잘못 만나 배 속에 잘 있던 아이가 태어나면서(나는 자궁경부무력증으로 아이를 조산했다) 그 힘든 치료를 견뎌내야 했고, 편마비로 불편하게 살게 됐으면 됐지, 거기에다가 사지마비? 시력 상실? 오, 하늘이시여! 그곳에 진정 누군가 계신다면, 제발 설명 좀……

네 살 아이가 쓰러지고 한 달 반 뒤 병실에서 물이라도 먹여보려고 아이를 일으켜 앉혔을 때, 아이는 자신의 혀를 깨물고도 그 입을 다시 벌리지 못해 혀를 깨문 채로 울고 있었다. 고민하던 위루관 수술을 하기로 결정할 수밖에 없었다.

언젠가부터 병원에서는 아이의 위와 배에 구멍을 뚫고 연결해, 위로 직접 우유를 줄 수 있는 관을 삽입하는 위루관 수술을 권했다. 하지만 나는 이렇게 쓰러지기 5일 전만 해도 콩나물을 손으로 집어 먹으며 온갖 예쁜 짓은 다 하던 아이였다며, 감히 내 아이에게 그런 수술을 하도록 내버려두지 않겠다고 버티고 있었다.

아무리 '엎질러진 물이다' '버스는 지나갔다'와 같은 표현이 상식적이고 보편적인 진리라 해도 이렇게까지 와닿아야 했을까. 한순간에 모든 것을 다 잃고 누워 있는 아이에게 병원에서 해줄 수 있는 일(이전 상태로 돌아가도록 만들어주는 약물 치료나 수술)이 사실상 없다는 것을 알아챘을 때, 나는 병원에 퇴원을 요청했다. 아이가 쓰러지고 꼭 두 달 지난 뒤였다.

두 달이면 60일. 그 60일 동안 내게 닥친 현실의 얼만큼을 내가 받아들였는지, 아니 당장 얼만큼을 이해했는지는 알 수 없었다. 분명한 건, 내 아이가 이 지경이 되어 돌아올 동안 라면 국물 맛은 그대로였고, 엄마의 멸치볶음 맛도 예전과 같았다.

아이는 완전히 다른 모습으로 집에 돌아왔다. 그렇게 많은 걸 순식간에 다 잃어버렸는데도 여전히 한 생명이 살아 있다는 사실이, 그 목숨의 질김이 너무 이상하고 무서웠다.

내 두 팔과 두 다리가 쇠사슬에 묶인 정도가 아니라
그 쇠사슬이 거대한 산에 다시 꽁꽁 묶인 듯한 기분.
그때 쓴 일기에는 이렇게 적혀 있다.
'달은 얼마나 이 지구를 벗어나고 싶을까.'

아이를 죽이자

문제의 직접 원인을 제거하라

우리의 감정과 기분(죽음에 대한 불안을 포함하여)은
우리가 본래성대로 살고 있는지,
또는 타인의 기대 때문에
진정한 우리 삶을 살지 못하고 있지 않는지를
살펴볼 수 있도록 하는 바로미터이다.

제럴드 코리,
《심리상담과 치료의 이론과 실제》160쪽

언제나 문제를 해결하는 가장 빠른 방법은 원인을 제거하는 것이다.

그래, 내가 죽거나 아이를 죽이거나 둘 중 하나는 하자. 더 질질 끌 거 없이 그냥 다 끝내버리는 거야. 무심코 틀어놓은 뉴스에서 누군가의 자살 소식이 들리면(특히 일가족 동반 자살 뉴스), 나는 허리를 곧추세우고 가만히 볼륨을 높였다.

살아 있기 때문에 겪는 마음의 고통이 너무 클 땐, 살아 있어 누리는 많은 것들(그것이 누구나 다 누릴 수 있는 게 아니라 자신만이 누리고 있는 행복이라는 것을 본인도 안다. 다 아는데도 끝내고 싶은 것이다)을 다 버리고 이제 그만 살아 있기를 포기하는 방법이 있다. 자살이다.

그런데 죽을 사람이 둘이다 보니 여기에도 순서가 필요했다. 일이 어설프게 됐다가는(만일 내가 지금의 내 아이보다 더 돌봄이 필요한 상태로 목숨만 살아 있고, 아이는 아직 죽이지 못한 상태라면) 남편까지 죽어버릴지도 모르잖은가.

일단 내가 먼저 죽을 수는 없었다. 내가 죽으면 나의 사망과 동시에 서럽고 비참하게 살아갈 확률이 높을(물론 나의 착각일 수도 있지만) 이 아이를 두고 홀랑 먼저 갈 수는 없었다. 좋다, 그렇다면 아이를 먼저 보내고 그다음에 내가 가자. 아니면 둘이 동시에 가든지.

작전 1
베란다 밖으로 아이를 던져라

아이는 한시도 사람 몸에서 떨어지려 하지 않았다. 잠시라도 혼자 눕혀 놓으면 1초 만에 듣기 싫은 울음소리와 함께 자신의 마비된 몸을 힘주어 비틀어대는 통에, 차라리 화장실을 가지 말자 하고 내 입으로 들어가는 것은 물도 줄였다.

아이를 안은 채로 같이 소파에 앉아 있다가 운 좋게 아이가 잠들면 나도 소파 등받이에 기대어 잠시 잘 수 있었다. 그런 식으로만 수면을 확보할 수 있었던 시간이 꼬박 1년. 그마저도 잘 수 있는 시간은 한 번에 길어야 이삼십 분이었다.

아이에게 수면유도제를 먹인다 해도 아이가 쭉 자는 시간은 겨우 두 시간 남짓. 그러니까 당시 내 아이의 일과를 요약해보자면, 너무 잠이 오는데 온몸의 강직으로 잠들지 못하고 괴로워하거나 잠깐 잠이 들었는데 강직 때문에 다시 깨 울거나 둘 중 하나였다. 나의 일과라고 다르지 않았다. 안고 있는 아이가 잠들면 아이를 안은 채로 그 자리에서 졸았고, 안고 있는 아이가 온몸에 힘을 주며 다리를 꼬면 아이의 발등부터 발목, 무릎 순으로 다리를 구부려 몸에서 힘이 빠지게 해주면서 '와, 세상에는 이런 시간도 존재할 수 있구나' 했다. 그런 새벽을 보내고도 아침이 오면 '와, 이렇게도 해가 뜨는구나' 했다.

그러던 어느 날 새벽 3시. 나는 마침내 중대한 결심을 한다. 그래, 여기서(당시 살던 집은 아파트 20층) 아이를 던지자. 베란다로 나가 창문을 열고 아이를 던진 다음 바로 뒤돌아 침대에 누워 잠드는 거야. 경찰이 우리 집 벨을 누르기까지 얼마나 걸리려나? 만일 운이 좋아 네 시간쯤 깨지 않고 잠들 수 있다면? 마침내 내가 1년 만에 네 시간 쭉 잠을 잘 수 있다면? 좋아, 그거면 됐어.

사건 이튿날 '뇌성마비 다섯 살 장애아 아파트 20층 베란다에서 던지고 안방에서 자고 있던 엄마, 경찰이 흔들어 깨워'라는 기사가 온갖 매체에 뜨고 댓글란에 그 어떤 경멸과 저주의 말들이 퍼부어지고 있든, 나는 눈도 껌뻑하지 않을 자신 있었다.

성공했다면 희대의 살인으로 남았을 이 작전을 미수로도 시행하지 못한 이유는, 허무하게도 아이가 나와 너무 똑같이 생겼기 때문이다. 하필 경비 아저씨한테 평소 인사까지 잘하고 살아왔기에 경찰까지 갈 것도 없이 당장 경비 아저씨가 우리 집 초인종을 누르는 데 10분도 채 걸리지 않을 것임을 알고 있었다. 어쩔 수 없이 이 작전은 실패다.

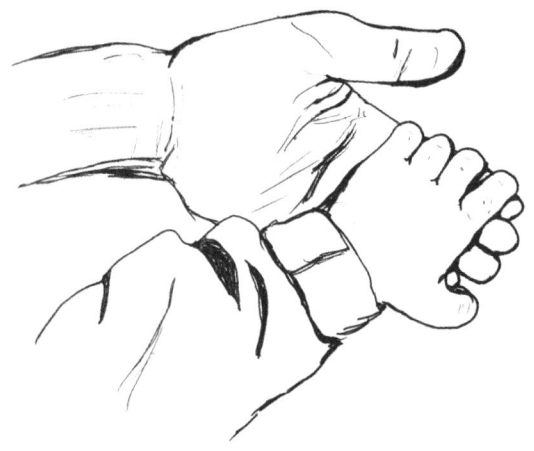

인큐베이터의 작은 문이 열리면 자신에게 어떤 처치가
가해질지 몰라 몸에 힘을 잔뜩 주고 그 처치가 끝나기만을
기다리는 것밖에 할 수 있는 게 없던 아이는,
7개월 반의 치료를 마치고 집에 오고 나서도 한 달 동안
웃지도 울지도 않았다. 나는 아이의 손을 잡고, 혈관이란 혈관엔
빈틈없이 다 꽂혔을 두꺼운 주삿바늘들을 생각한다.
나랑 손이 정말 닮았다.

작전 2
자유로 위에서 이 세상과 안녕하라

교통사고로 아이와 동반 자살에 성공하는 것이다. 아, 아이 입장에서는 엄마에 의한 타살이 되겠지만.

작전 2를 실행하기 위해 평일 오후, 나는 아이를 카시트에 태우고 자유로에 올랐다. 네비게이션에 목적지로 설정한 곳은 파주출판단지. (아니 왜 죽으러 간다는 사람이 목적지는 입력했나 모르겠네.)

분명 며칠에 걸친 완벽한 시뮬레이션으로 나름 치밀하게 계획된 작전이었으나, 절호의 기회가 왔을 때마다(주로 트럭 이상의 대형차들을 노렸다) 순간적으로 핸들에 힘을 빼주고 어떻게든 그들을 비켜갔다. 어쩌면 그때 죽음의 완벽한 타이밍을 찾느라 백미러를 흘끔거리다가 뒷좌석 카시트에 앉아 〈아빠와 크레파스〉를 들으며 눈 껌뻑이고 있는 내 아이의 뽀얗고 둥근, 아직 솜털이 풍성한 두 볼을 보고 말았는지도 모른다.

일은 뜻대로 되지 않았다. 나는 기를 쓰고 안전 운전을 한 우스운 꼴로 파주출판단지 내 어느 카페에 도착했다. 아이를 안고 카페에 들어간 나는 누구라도 내 사연을 제발 알아차려달라는 듯 좀 이상한 분위기로 넋이 나간 표정을 하고서 바닐라라테와 베이글을 주문했다. 그런데 어디선가 신의 음성처럼 이 말이 들려왔다.

"크림치즈도 하시겠어요?"

그때까지도 나는 카페 직원은 쳐다보지도 않고 있었는데 그 음성에 고개를 들어보니 한 여자가 눈을 동그랗게 뜨고 있었다. 아, 죽지 못하고 살아서 또 커피 마시러 왔구나. 죽겠다고 집 나선 놈이 배고프다고 베이글까지 시키고 말았구나.

잠시 절망하다가 그런데 방금 이 사람이 뭐라고 했지? 크림치즈? 베이글 위에 얹어 먹는 그 크림치즈? 그건 또 못 참지.

아주 잠시지만 그때 내가 생의 진지함으로 크림치즈를 주문할지 말지 고민했다는 사실을, 크림치즈 듬뿍 바른 베이글을 한입 베어 물었을 때의 맛과 기분을 완벽히 상상해 버렸음을 깨달았을 때의 그 절망감이란.

아, 네놈은 아직 죽을 생각이 없구나. 인정하고 나니 꺼려질 것도 없었다. 정신을 바짝 차리고, 크림치즈 잔뜩 바른 베이글에 어울릴 커피로는 그렇다면 바닐라라테보다는 카페라테겠지.

"아, 크림치즈 주시고요. 커피는 카페라테로 변경할게요."

사람이 어떻게 저렇게 웃을 수가 있지.
예전에 자신이 갖고 있던 그 많은 것들 이제 다 잃고 없는데도.
자기연민 하나 없이. 우리에게 그럴 시간이란 없다는 듯.
아이는 자주 저렇게 웃는다.

"네 알겠습니다. 잠시만 기다리세요."

이로써 삶에 대한 미련 앞에 완전히 승복했다.

그날 카페 커다란 창으로 들어오던 빛에 그림자 진 내 아이의 머리칼과 속눈썹. 테이블 위의 라테와 베이글과 크림치즈. 그건 절망이었을까, 위로였을까.

아이는 두고 나라도 도망치자

현장에서 내빼라

정말 필요한 것은 무언가를 선택할 때
자신이 맹신하는 어떤 것을 희생시키고자 하는 의지이다.
인간이 된다는 것은 하나의 프로젝트이고,
우리의 과업은 우리가 누구인지 발견하는 것이 아닌
우리 자신을 만들어가는 것이다.

제럴드 코리,
《심리상담과 치료의 이론과 실제》160쪽

이로써 사건 관련 인물을 죽이는 것이 여의치 않음을 깨닫고, 그렇다면 나라도 어떻게 살 방법이 없을까 궁리하기에 이르렀다. 그러니까 이 세계(평생 장애 있는 자식을 집에서 돌보게 될 신세)에서 나만 쏙 빠져나가는 것이다. 그것을 두고 도피와 탈출, 도망 그 어떤 표현을 갖다 댄대도 그보다 더한 직무 유기인 그것.

그때 나를 가장 괴롭힌 건 무엇이었을까. 책임감이었을까. 이렇게 돌봄이 필요한 아이를 두고 도망쳐버린, 인정머리 없다는 평가도 복에 겨울. '세상에 저 죄를 나중에 어떻게 감당하려고'와 같은 내 사후 세계에 대한 우려를 한껏 불러일으키기에 충분한. '인간이길 포기했다 안 했다' 논란의 주인공이 된다는 것이 어쩐지 좀 억울할까?

나는 죄책감에 시달렸을까. 내 모든 표정, 몸짓, 행동에 '아이를 이 지경으로 만들어놓고도'라는 꼬리표를 스스로 달았던 나는, 아이에 대한 거대한 죄스러움으로 고개를 들지 못하며 지내던 나는, 마침내 영영 고개 들기를 포기하고 그냥 그대로 도망칠 생각을 한 것일까?

나는 수치심에 고통스러웠을까. 내 평탄했던 삶에 이게 웬 옥의 티인가 생각했다. 나는 순전히 허상으로 만들었던 그럴듯한 내 모습과 그런 나를 둘러싼 세계의 기준에 맞춰 그럭저럭 살고 있었다. 어쩌면 반대편에서 잡아주고 있는 이 하나 없는 우연의 줄을 나 혼자 의미 부여하며 꽉 붙잡고 있었던 건 아닐까. 아니면 나는 쉬지 않고 나 스스로를 저울대 위에 올리길 꺼리지 않는, 그렇게밖에 나를 증명할 방법을 모르는 위태한 존재였을까.

내게 펼쳐지고 있는 삶의 흐름을 두고 나는 이렇게 해석하기에 이르렀다. 제아무리 신의 은총에 보답하고자 세상의 낮은 곳을 자처하며 희생을 굳게 마음먹고, 그대의 모습을 털끝만큼이라도 닮고자 염원하는 사람이라 할지라도, 막상 이 아이의 엄마가 되라고 한다면. 글쎄, 그 간절하던 눈동자 잠시 흔들리지 않을 수 있는 자 몇이나 될까. 열에 아홉은 "아, 저기…… 죄송한데…… 이 정도를 바란 건 아니옵고……" 하며 갑자기 뒤돌아 내뺄 것이다. 나머지 한 명 정도가 차마 거절하지 못하고 얼렁뚱땅 그 운명 받아들였다가 자신을 과대평가한 경솔함을 스스로 저주하고 용서하는 데 남은 생을 다 보낼 것이다.

나는 아니었다. 나는 내가 운이 나빴다고 생각했다. 나는 누군가로부터 버림받은 것 같았고, 내가 살고 있어야 할 어떤 세계에서 쫓겨난 것 같았다. 수치심. 그것은 지독히 단단하여 깨지지도 않는 거울이었다.

아이에게서 벗어날 궁리를 했다.

작전이 성공한다면 내 아이를 두고 '저렇게 아픈 애를

두고 집 나간 엄마를 둔 불쌍한 아이'라는 동정의 눈길과 거기에 이어지는 다채롭고 그럴듯한 여러 추측들은 피할 수 없을 터였다.

이래서 전문직 전문직 하는구나, 싶었다. 만일 내가 변호사나 의사나 공무원이어서 아무리 아이 사정이 그렇더라도 일을 그만두고 집에 들어앉아 아이만 보고 있기에는 너무 아까운 상황이었으면 얼마나 편했을까. 그랬다면 직장을 다니느라 '어쩔 수 없이' 나인 투 식스 동안은 집을 떠나 있을 권리가 보장됐을 텐데, 나는 왜 전문직을 얻지 못해 지금 이렇게 아이 옆에 붙박이로 살고 있는가. 아니면 오스트리아에 자동차 디자이너로 일하게 되면서 가족 전체가 이민을 간 우리 집 전주인 여자처럼(무려 공무원 남편을 사표 내게 했다), 내가 그 정도로 능력 있는 사람이라 어쩔 수 없이 해외에 혼자 떠나게 됐다면. 어머나, 그건 상상만으로도 너무 괜찮은 전개가 아닌가.

역시 도망가는 수밖에 없겠다. 모든 비난과 질타를 온몸으로 받고 여기서 그냥 내빼자. 그것이 허상의 세계를 잡으려는 어리석은 선택이면 어떤가. 상관없다. 지금 나는 이곳을 벗어나고자 하는 정도가 아니라, 여기서는 조금도 더 버틸 수 없겠다고 나 자신에게 선포하는 것이다. 남편에게는 이혼하자고 하면 될 것이다. 아이를 잘 부탁한다는 말과 함께……. (양심상 빈털터리로 출국 예정.)

그야말로 새로운 땅에서 새 삶을 도모하는 것이다. 가본 적 없는 나라. 이름도 들어본 적 없는 도시. 가령 벨기에 젠트 정도로 어디에 붙어 있는지도 잘 모르는 곳으로 가, 한인 민박집에서 일하며 어떻게든 목에 풀칠하고 살아보는 것이다. 완전히 듣도 보도 못한 언어를 익히러 하루 중 두어 시간쯤 어학원을 들락거리고, 자유 시간에는 걸을 수 있는 모든 길을 걸어 다니며 눈과 귀와 다리를 바쁘게 움직일 것이다. 그렇게 한국에서의 모든 시간을 잊는다.

원래 내가 있어야 했고, 있는 것이 맞는 곳을 떠나와 엉뚱한 이 나라에서 지금 뭐 하고 있는 짓인지 끊임없이 자문하고, 인간으로서 해서는 안 될 죄를 짓고 있는 나를 질타하며 하늘을 우러러 매 순간 부끄럽게 살아가면서도, 나는 마침내 자유로워진 몸으로 벨기에 와플을 부지런히 먹으러 다니고 싶었다.

내가 아는 남편이라면, 내 이혼 요구에 아마 그러자고 할 것이다. 내가 아는 그라면, 이미 마음 떠난 사람 붙잡지 않을 것이다. 증오나 경멸의 말 한마디 없이, 너무 힘들면 떠나라고 말하는 그 앞에서 나는 더욱더 물러설 곳 없이(차라리 그가 나를 자극하며 네가 그러고도 엄마냐고 싸움을 걸어 올 경우, 거기에 응하며 홧김에 짐 싸서 집을 나가버릴 수도 있

남편이 아버지가 되어가는 시간을 바라보며
내가 엄마가 되어가는 시간에 대해 생각한다.

겠거늘, 그는 그런 기회조차 내게 허락하지 않을 것이다) '나의 이기심'과 '나의 어쩔 수 없음'에 울며 괴로워하면서도 틈틈이 최저가 항공권을 검색하고 있을 것이다.

그런데 문제는…… 왠지 그가 새 장가를 가버릴 것만 같단 말이지? 능력 있고 선한 사람이니 금세 재혼해서 아이도 낳고, 그럼 우리 명준이는 어떻게 되는 거지?

분명 자애롭고 강인한 시어머니는 명준이를 전담해 돌봐주시기 위해 서울로 올라오실 테고, 시간이 지난 어느 날 어떤 결단을 내리신 뒤 남편을 앉혀두고 이렇게 말씀하실 것이다.

"명준이는 내가 어떻게든 끝까지 책임질 테니, 아이는 잊고 너도 이제 그만 좀 편해지거라. 너도 건강한 아이 키우며 아이 덕분에 웃고 정신없는, 그런 평범한 기쁨을 맛보며 살아야지 않겠니. 걱정 마라. 명준이는 내가 다 짊어지마."

그 말을 들은 남편은 아마 펄쩍 뛸 것이다. 그럴 일은 절대 없고, 다시는 그런 말씀 마시라고(이러실 거면 그냥 대구 내려가시라고 역정을 내는 장면까지도 예상 가능) 할 것이다. 그러면서도 시간 지나 그의 곁에 좋은 사람 나타나면 그도 사람인지라 조금씩 생각이 바뀌어 마침내 이렇게 말하는 날이 오고 말 것이다.

"어머니…… 그럼…… (흐느끼며) 명준이 잘 좀 부탁드

립니다. 죄송합니다."

　이것도 안 되겠다.

하루 종일 TV를 보다

딴생각을 하라

만약 내담자가 천천히 변화한다면
내담자는 변화할 이유뿐만 아니라 지금 그대로
남아 있어야 하는 이유를 가지고 있는 것이다.

제럴드 코리,
《심리상담과 치료의 이론과 실제》218쪽

보고 있으면 왠지 눈물이 날 것 같은 다큐들이 있다. 혹은 왠지 울어야 될 것만 같은.

가령, 불의의 사고로 신체 기관 중 하나 이상의 기능을 잃었거나(인지능력을 포함하여), 부모나 배우자, 자식, 혹은 그와 의미가 같았던 누군가를 잃어본 이들의 삶. 남의 일이라면 '저 사람 운명도 참 고약하네' 하고 TV 너머 그들의 삶 속속들이 빤히 들여다볼 수 있겠으나, 내 일이라면 잠시 상상만 해도 끔찍해 고개를 절레절레 흔들며 얼른 채널을 돌리게 될 타인의 삶.

그런 다큐들은 한 인간의 운명과 생명력과 강인함에 대해 대담하게 파헤친다. 그렇게 고통의 시간을 강도 높게 겪은(대부분은 현재에도 겪고 있다. 그것은 해프닝이 아닌 실제 생활의 변화이기 때문이다) 이들의 '사는 모습'을 밀착 취재한 영상을 보고 있노라면, 여태껏 별 어려움 없이 살았던(나름의 어려움이 있다고 생각하며 살았겠으나) 이들에게는 강렬한 영감을 주거나 어떤 결의를 하게 만든다. 그간 아무런 의식 없이 누리던 많은 것들이 갑자기 새롭게 인식되면서, 이게 그토록 소중한 것이었나(것이려나) 하는 깨달음에 자신의 어리석음을 가늠하게 되는 기회로 삼거나, 때로는 아주 크게 감동하여 그 간접경험만으로도 한 사람의 인생이 조금 바뀌기도 할 것이다.

고백하건대, 나는 저렇게 힘겨운 삶이 어딘가에 존재한다는 것에 왠지 겸허해지고 뭔가 나 자신이 부끄러워지면서도 내가 가진 것들을 (저들처럼) 그리 쉽게 잃진 않을 거라 믿는 사람이었다.

어린이날이나 장애인의날과 같은 날에 방송되곤 하던 '불우한 이들이 살아내고 있는 아름다운 이 기적 같은 하루' 콘셉트의 다큐를 보면서 무언가를 묵직하게 느끼는 데 주저함이 없었다. 아니, 오히려 그들의 감정에 공감하려는 내 모습이 마음에 들었다. 어려운 이들의 삶을 바라보며 때로는 더 이상 참을 수 없다는 듯 눈물까지 흘리고 나면, 뭔가 사회적 약자의 삶에 관심을 갖는 의식 있는 시민이 된 것 같아 만족스럽기까지 했던 사람이 바로 나였다.

그래, 힘든 이들을 외면하지 말자. (인생의 전반에 행운이 따랐으며 아마 앞으로도 그러할) 내가 할 수 있는 일은 도우면서 사는 것이라고 결심하면서도, 어느 병원에 봉사 활동을 가 지금의 내 아이와 같은 뇌성마비 아이들이 잔뜩 누워 있는 장면을 보고는 기겁하며 뒷걸음쳤다. 저 아이들은 왜 저렇게 눈에 초점이 없는 건지, 왜 저기에 저러고 누워 있는 건지 생각하면서. 그 아이들이 몸으로 증명해낸 불행의 기운이 내게 옮겨질까 겁이 났다. 그때 나는 서둘러 정상적이고 평범한 곳, 그러니까 좀 전에 머물렀던 양재역 버거

킹 같은 곳으로 돌아가고 싶었다.

통나무처럼 되어버린 내 아이를 안고, 그때 내가 즐겨봤던 건 생활 정보 프로그램이었다. 〈생생정보〉라든지 〈생활의 달인〉 같은. 거기엔 주로 대박 난 가게들이 나왔는데, 나는 그 가게들을 소개하는 방식이 마음에 들었다. 보통은 다음과 같은 순서를 따랐다.

1. 손님들이 그 가게에서 음식을 먹기 위해 얼마나 많은 시간을 기꺼이 들이는지에 대한 증거 영상 송출: 가게 앞에 길게 줄을 선 이들이 맛에 대한 탄성을 의문("도대체 어떻게 이런 맛을 내는지 모르겠어요.")을 동반한 찬사("여기서 한번 먹어보면 다른 데서 못 먹어요.")로 표현한다.

2. 맛의 비밀을 파헤치기 위한 제작진과 가게 주인의 밀당 및 비법 공개: 시청자로 하여금 곧 이 대박 가게의 비밀을 알게 될 거라는 기대감을 전달한다. 보고 있으면 그 음식과 가게 운영에 한 사람의 삶이 얼마나 갈아 넣어졌는지 느낄 수 있어서 경외감이 들기도 한다.

3. 이렇게 가게가 번성하게 되기까지 주인공이 겪었던 시행착오나 시련의 시간에 대한 담담하고도 잔잔한 고백: 그들은 "그때는 진짜 힘들었어요." 정도로만 그 시절을 회상하고 금방 또 육수 낼 준비를 하러 주방으로 들어가고는 한다.

4. 역경을 이겨내고 인고의 시간을 거쳐 마침내 이와 같은 성공을 이룬 주인공에 대한 VJ의 활달한 요약과 함께 그날 하루 가게 매출액을 공개하며 아름답게 마무리.

그런 프로그램은 전문 다큐에서 한 사람의 인생을 다루는 방식의 접근법을 쓰지 않았다. 누군가의 인생 그 자체가 방송의 주재료인 전문 다큐와는 달리, 생활 정보 프로그램에서는 주인공의 개인적인 사연은 '시청자에게 내보내는 생활 정보'에 치는 양념 같은 거였다. 삶의 무게가 조연으로 밀려난 그 시선이 마음에 들었다.

훗날 내가 그런 프로에 나갈 일이 있다면 지금의 이 일을 뭐라고 이야기할까. "아이에게 장애가 있어요. 그래서 (북받쳐 오르는 감정에 눈물 잠깐 참고) 정말 힘들었는데 그때 저에게는 이게(핫도그가 될지, 그림이 될지, 수영이 될지, 춤이 될지 모르지만) 그 시간을 버티게 하는 유일한 힘이었어요" 정도의 인터뷰를 하고 있을까.

이 또한 지나간다거나 어려운 시기를 잘 이겨내면 반드시 좋은 날이 올 거라는 말은 귀에 들어오지 않았지만, 자신의 삶으로 그 말을 증명해낸 이들에게는 왠지 의지하고 싶었다. 보고 있으면 나도 얼큰한 김치칼제비 한 그릇 사 먹고 싶었다.

아이와 다시 하는 여행.

쉿! 절대로 아무에게도 말하지 마

(원래 있던 곳에) 숨거나 (아이가 아픈 걸) 숨기거나

심리적 고통은 인간의 정상적인 적응 기능이
과도하게 활동해서 발생한 것으로 이해할 수 있다.
때때로 관계를 단절하고
통제할 수 없는 상황으로부터 벗어나며
답을 찾기 위해 고민하는 것은 정상적이다.

제럴드 코리,
《심리상담과 치료의 이론과 실제》330쪽

산속이나 외국으로 도망갈 수 없다면. 좋다, 알고 지내던 모든 이와의 관계를 끊고 휴대전화 번호를 바꾸고 종적을 감춘 뒤 새롭게 살아보는 것도 방법이다. 어떤 때가 될 때까지 현실에서 등 돌린 채 시간을 버는 것이다. 그러나 그게 아니라면. 삶의 연장선상에서 계속 살아가는 것 말고는 대안이 없는 상황이라면. 아침이 오고 아이가 다시 몸에 힘을 주기 시작하면 아이의 몸을 꽉 붙들고 그 하루를 또 시작해야만 한다.

힘든 시간을 보내고 난 이들이 "그때 사람들이 다 걸러졌어"라고 말하는 건, 사람을 걸러야겠다고 시간을 따로 내서 어떤 작업을 했다는 얘기가 아니었다. 그것은 저 혼자 머릿속으로 거름망을 하나 딱 치고 거기에 아는 사람 한 명씩 집어넣어 이 사람과의 관계를 계속 이어갈지 말지를 판단하는 세세한 작업이 아니었다. (실제로 그러한 작업을 실행할 수 있는 이들은 인생이 너무도 심심하여 어떻게든 자작극을 벌이지 않고서는 도저히 견딜 수 없는 것일 뿐이다.)

돌이킬 수 없는 커다란 변화란 사실 순식간에 일어나는 법이고, 거기에 의심이나 주저함 같은 것은 없었다. 거기에 예고나 계획, 예측이나 연습 같은 건 없었다.

나를 알던 사람들이 내 곁에 머물거나 내게서 멀어졌다. 연락 빈도나 서로 어떤 예의에 기반해 적당히 유지하고 있던 관계들은 그때 다 자연스럽게 끊어졌다. 노력이 필요한 것에 노력을 전혀 하지 않았더니(할 수 없었더니), 그래도 내 곁에 있고자 하는 이들만 남았다. 그들은 한동안 그저 나를 기다려주었다.

그러나 나의 삶을 아주 가까이에서 쭉 지켜본 이들이 아니라면, 언제라도 내 쪽에서 한번은 입을 열어야 했다. 그들과 다시 눈을 마주치려면, 그들과 다시 밥을 먹고 같은 얘기에 함께 웃으려면, 나는 내 이야기를 해야 할 것 같았다. 그것은 내게 이토록 커다란 일이 있으니 나를 좀 위로해달라거나, 내 당황스러움에 공감해달라거나, 제발 내게 무슨 일이 일어난 건지 네가 설명을 좀 해달라거나(가령, 아주 놀란 듯 입을 틀어막는다거나 눈물을 흘린다거나 하는 반응을 보여 나로 하여금 내게 일어난 일의 스케일을 가늠할 수 있도록) 하는 이유였을까?

어쨌든 아이와 분리된 삶은 살고 싶지 않았고 그럴 수도 없었기에, 아이에 대해 말하지 않는 건 뭔가를 속이는 것처럼 불편했다. 생각해보면 기회가 될 때마다 한 명 한 명에게 내 이야기를 꺼내가며 완전히 새롭게 변한 세상과 소통하는 법을 연습했던 것 같다.

2014년 2월, 신촌 세브란스 병원 신생아 집중치료실.
아이가 2주에 한 번씩 수술을 소화해야 했던 힘든 시기였지만
백일 사진을 남겨주고 싶어 면회 시간에 들어가
인큐베이터 속 아이를 배경으로 함께 사진을 찍었다.
내가 아이를 40주 동안 품었다면
이제 막 세상에 태어나 곤히 자고 있을 시간이다.

조산한 얘기를 처음 꺼내다

그러니까 그날은 내가 아이를 조산했고 아이에게 장애가 있다는 얘기를 사실상 처음 입 밖으로 또박또박 꺼낸 날이었다.

대학원을 다니는 도중 아이를 임신한 나는 조산의 위험이 있어 휴학하게 됐고, 아이를 낳고 졸업을 위해 다시 학교로 돌아가 1년을 더 다녔다. 생각해보면 운이 좋았다. 그렇게 고정적으로 아이와 떨어져 갈 곳이 있었던 것은, 말하자면 내게는 시간(상황 파악을 위한 버퍼링)을 버는 일이었다.

버스에서 내려 커피를 한잔 사서 책이 든 가방을 오른쪽 어깨에 메고 걷다 보면, 꿈속인 것 같았다. 강의실에서 수업을 듣고 나와 밤 10시가 넘은 시간에 혼자 멸치국수 같은 걸 사 먹고 있으면, 내가 아이를 낳았다는 것이 거짓말 같았다.

그때 대학원에서는 친한 동기 언니 한 명을 제외하고는 내가 아이를 조산했다는 것도, 아이에게 장애가 있다는 것도 몰랐다. 절대 말하지 않겠다고 다짐한 건 아니었지만, 내가 결혼한지도 모르는 사람들에게(동기들은 대개 졸업한 뒤였다) 굳이 아이 얘기를 해 사연 있는 사람이 되는 건 왠지 손해 보는 기분이었다. 사람들과 어울리다가도 조금만 사적인 얘기가 나올 것 같으면 그들에게서 멀어지며 교묘하게 상황을 조종했다.

그때 나는 타전공 수업인 미술 치료를 듣고 있었다. 그 강의실에는 내가 아는 사람이 없다는 것, 이전의 나를 아는 사람도 없다는 것이 좋았다. 그리고 어느 날 툭, 나는 내 아이에 대한 이야기를 그 모르는 사람들 앞에서 털어놓았다. (전공 수업 시간에도 여러 번 기회가 있었지만 끝내 입을 열지 않았다.)

수업을 마치고 화장실에 들렀을 때 함께 수업을 듣는 수녀님을 만났다. 수녀님, 손 씻으며 넌지시 내게 말씀하시기를, "그건 그저 일어난 일일 뿐이에요. 나쁘거나 불행한 일이 아니고, 그냥 일어난 하나의 일이에요."

그 말에는 나를 위로하려는 의도 같은 게 없었다. 그래서 당황했다. 그저 내가 '나 너무 불행한 일 겪었다'고 오해할까 봐 혹시 몰라 설명한다는 듯, 상냥함이나 따뜻함보다는 오히려 무심함에 가까웠다.

삶을 살아낸다는 것은 몇 개의 시간을 동시에 살아가야 하는 건지도 모른다. 몸으로 겪어내는 시간이 있고, 비로소 머리로 뒤늦게 이해하는 시간이 있으며, 가슴으로 느끼는 시간은 또 따로인 것 같았다. 그러니 누군가와 함께한다고 해서 함께하는 게 아니고, 혼자 있다고 해서 혼자인 게 아닌. 오늘의 몸을 살면서 1년 전 일을 이해하고, 10년 전 일을 이제야 느낄 수 있다는 게 얼마나 이상한 일인지.

그분의 말이 7년이 지난 지금에서야 내게 닿는다. 당시에는 그 말을 위로로 들어야 할지 조언으로 들어야 할지 몰라 대충 감사하다고 인사하고 돌아섰는데, 그분 눈에는 내가 보였던 것이다. 수치심에 어찌할 바 몰라 벌벌 떨고 있던 나를 동정과 연민의 눈으로 바라보는 건 다름 아닌 나 자신이었다는 것을 훤히 들여다보고 계셨던 것이다.

**몇 년 만에 만난 친구에게
내 이야기를 브리핑하다**

현지는 내 친한 고등학교 친구의 친한 대학교 친구로 사실상 나와는 직접적인 관계가 없는 인연이었다. 그런데 어쩌다 지금의 남편을 소개받게 된 '다리' 중 한 명이 되어 연락하는 사이가 되었다.

결혼하고 시댁이 있는 대구에 내려갔을 때 본가인 대구에 내려온 현지와 한번 만나게 되면서 명절 때면 가끔 연락해 만났다. 그러다 오랜만에 그녀를 만난 게 아이가 쓰러지고 처음으로 대구에 내려갔을 때인 2018년 추석. 잠시 차 한

잔하기로 한 그녀는 만나자마자 내게 잘 있었느냐, 명준이는 잘 크고 있느냐 물었고, 나는 그녀의 팔짱을 끼고 카페로 들어가며 이렇게 말했다.

"현지야. 너 잘 들어라. 내가 1분 동안 브리핑한다. 너 놀라지 마라."

그날 나는 아주 새로운 체험을 했다. 내게 일어났던 커다란 사건을 요약하는 그 시간은 차라리 어느 오케스트라 공연 프로그램에 적혀 있는 오늘 연주될 곡 소개같이 일목요연했고, 누군가에게 'A씨에 관한 소문'을 신나게 전달하듯 생동감 넘쳤다. 그간 내게 일어난 일들을 반은 남 일처럼 전달하는 중에 "근데 너 예뻐졌다 야" 정도의 말도 섞여나갔다. 그녀는 내 이야기를 듣는 내내 입을 다물지 못하다가도 예뻐졌다는 말에 퉁명스레 "뭐래"라고 응수하며 나의 이야기를 들었다.

그 가벼웠던 가을밤이 정말 오래도록 생각난다.

소꿉친구에게 아이의 장애를 말하다

은지가 결혼했을 때 나는 아이를 낳고 정신을 못 차리고 있었다. 당시 스스로에게 댄 은지의 결혼식에 갈 수 없는 이유는 아이를 면회하러 신생아 중환자실을 매일 오가야 하는 바쁜 일정에, 아이의 수술 경과를 지켜보고 언제 급히 잡힐지 모르는 수술 전화를 기다리느라 원피스 입고 거울 보며 눈가에 아이섀도 바르고 있을 순 없다는 거였다. 하지만 사실은 내게 있었던 일에 대해 그녀에게 고백할 마음도 그럴 자신도 없었다.

만일 아이가 똑같이 26주 5일 만에 나왔어도 인큐베이터에서 무사히 잘 자라서 아마도 약 2주 뒤에 퇴원하는 상황이었다면, 나는 그 누구보다 곱게 차려입고 아이 면회를 빠지고 결혼식에 참석했을 것이다. 그간 내게 있었던 일에 대해 "정말 아이가 큰일 날 수도 있는 위험한 상황이었는데 하늘이 도왔어. 나중에 아이 보러 놀러 와" 정도의 말을 하고 활짝 웃으며 신부대기실에서 사진을 찍었을 것이다.

해프닝. 그것은 다치지 않은 이들만이 요란스레 할 수 있는 종류의 이야기였다.

마음속으로 결심하기를, 머지않아 은지를 만나 축의금 건네며 결혼을 결심하게 된 이야기도 듣고, 내게 있었던 일들도 다 말해야지. 하지만 아직 축의금은 건네지 못했고 은지의 딸이 벌써 올해 네 살이라고 했던가. 그러다 최근 그녀와 연락을 하다 내가 무슨 생각인지 이런 말을 했다.

"근데 너 우리 명준이 장애 있는 거 알지?"

답장이 이렇게 온다.

"니가 말을 해야 알지 이것아."

놀라거나 당황하며 몰랐다고, 무슨 말을 해야 할지 모르겠다는 답이 아니어서 좋았다. 너무 힘들었겠다고, 아이는 좀 어떻냐고 물어주지 않아서 고마웠다. 시간이 어느덧 이만큼 지나 아이 얘기를 하면서도 어떤 기대를 하거나 두려움 없이 말할 수 있는 때가 왔구나 확신했지만, 그 대답이 고마웠던 걸 보면 역시 나는 어떤 기대를 하긴 했거나 뭔가를 두려워하며 말을 꺼냈던 모양이다.

그때 친구의 반응이 앞으로 내 소식을 듣게 될 모든 이의 반응은 아닐지라도, 그렇게 말해주는 사람이 있다는 사실이 이전의 나를 알던 사람들로부터 숨지 않게 만들어줄 것 같았다.

친하게 지냈던 회사 선배에게
아이에 대해 밝히다

대학 졸업 후 다녔던 회사에 친하게 지냈던 남자 선배가 있었다. 둘 다 결혼하고 회사를 나왔는데 이후 따로 만나지는 않았다. 그래도 1년에 한두 번 메일은 주고받았다. 진

자신이 사랑받았고 안전함을 느꼈던
가족의 얼굴과 그 품을 잊지 말고 기억하길 바라다가도
자다가 무슨 꿈을 꾸는지
히죽 소리 내 웃고 있는 아이를 보면 겁부터 난다.
자신이 자유롭게 보고 움직일 수 있던 시간을 꿈에서 다시 본 걸까.
잠에서 깼을 때 얼마나 놀라고 무서울까 싶어
가슴이 철렁 내려앉는다.

지한 근황이나 구체적인 소식이 아닌 농담 섞인 말장난 정도의 가벼운, 몇 줄 안 되는 생존 확인 메일.

전화번호도 모르고 어디 사는지도 모르며 서로 뭐 하고 지내는지 전혀 묻지 않으면서도 그 시절 그래도 즐거웠던 때(당시엔 정말 즐겁지 않다고 확신했지만)를 회상하며 무료한 일상의 공기를 환기하는 정도의 역할을 하던 선배와의 연락.

그러다 선배에게 내 근황에 대해 제법 진지하게 밝힌 건, 이사 갈 집을 구하면서였다. 결론부터 말하자면 지금 살고 있는 아파트에 그 선배가 살았던 기억이 나서 이 동네 살기 어떠냐고 물으며 아이에 대해 말하게 되었다.

내 아이가 내년에 초등학교에 들어가는데, 아이에게는 장애가 있어서 그 근처의 특수학교에 보낼 계획이라고. 그렇게 사실상 잠수를 탔던 시간 동안의 이야기를 메일 몇 줄 안에 담아 보냈다. 선배에게 온 답장에는 이 아파트의 장점과 단점에 대한 본인의 생각이 적혀 있었다. 내 아이가 다니게 될 학교도 지나가며 본 적이 있다는 말도. 그러면서 마지막에 이 말을 덧붙였다.

'아이를 낳은 줄도 몰랐네.'

그 담백한 반응이 이상하게 위로가 됐다. '정말 큰일이 있었네'라든가 '그래서 그동안 회사 사람들 결혼식에도 안

오고 연락 끊겼던 거냐'는 안타까움 같은 것이 아니어서.

아이가 있건 없건, 아이가 아프건 아프지 않건, 나를 나로서 기억하고 있는 이들이 있다는 것. 나를 응원하고 싶어 하는 이들이 존재한다는 그 어렴풋한 느낌이, 어느 한 토막의 시간을 완전히 베어내고 그때와 단절하고 싶었던 내 마음을 조금은 바꾸었을까. 그렇게 도망치지 않아도 뭔가 방법이 있을 거라는 생각이 노력에 관한 것이 아니라 희망에 관한 것으로 느껴지기 시작했다.

엄마에게, 울다

반년 전 아이가 4년 만에 경기를 일으켰다. 구급차를 타고 응급실에 가 진정제를 맞고서야 아이는 경기를 멈췄다. 이것저것 검사를 해보니 그동안 아이의 뇌가 많이 작아졌다고 했다. 대신 물주머니가 더 커졌다고. 그런데 여기서 '그동안'이 무려 4년이었다.

아이가 이렇게 쓰러지고는 신경외과 진료를 한 번도 보지 않았다. 아이가 그동안 경기하거나 구토나 고열 등이 없었기에 그저 괜찮다(큰일은 없다)고 생각했을 뿐이라고 나 자신을 변호해보지만, 피하고 있다는 것을 알고 있었다. 모두의 예상보다 훨씬 잘 자라주고 있는 아이를 가운데에 두고서 이렇게 살려줘 고맙다고 절이라도 하고 싶었던 교수의 진료실이었다. 기적과 감사와 존경만이 넘실댔던 그곳에 이렇게 변해버린 내 아이를 데리고 들어가 그 교수와 마주 앉아 있기 싫었다.

아이가 쓰러진 뒤 한 2년쯤 지났을 때였다. 아이의 컨디션이 조금씩 좋아져 이제는 혈관을 잡고 마취를 하고 MRI 검사를 해봐도 되지 않을까 하는 생각이 들었지만 그걸 굳이, 하고 말았다. 진료를 볼 때마다 "아이의 뇌가 많이 자랐어요. 여기 주름 많이 생긴 거 보이시죠" 하던 교수가, 힘들게 혈관을 잡고 마취해 며칠 또 아이를 가래로 고생하게 하면서까지 찍은, 뿌옇게 변해버린 아이의 뇌 영상을 보며 꺼내는 소견 같은 건 듣고 싶지 않았다.

어쩌면 나는 아이의 시력이 상실됐다는 걸 알게 됐을 때 모든 것을 포기했는지도 모른다. 어차피 예전처럼 다시 앞을 볼 수 있는 게 아니라면, 뇌가 더 좋아질 가능성이 있고, 그래서 팔을 조금 더 움직일 수 있게 될 거란 이야기가 희망으로 들릴 것 같지 않았다. 무엇도 나를 여기서 조금도 빼내 줄 수 없을 거라 확신했고, 무엇에도 별로 애쓰고 싶지 않은 시간들이 이어졌다.

그날 아이가 4년 만에 갑자기 경기했던 것이 무엇 때문이었는지는 결국 알 수 없었지만, 그때 한 가지는 확실히 깨닫게 되었다. 더 이상 뒤만 쳐다보고 있으면 안 된다고. 지금의 이 현실을 똑바로 보지 않으면, 이젠 정말 안 된다고. 여기가 바로 도망칠 수 있는 끝이라고.

응급실에서 꼬박 이틀을 새고, 병원에서 이런저런 검사를 하며 이어서 또 사흘. 퇴원하는 날 아이와 나를 데리러 온 남편과 교대하고 잠시 병실을 나와 엄마에게 전화를 걸었다. 그냥 아이의 상태를 전할 생각이었는데 엄마의 '여보세요' 소리에 나는 벌써 울먹인다.

"엄마. 너무 울고 싶어서 전화했어."

거기까지 말하고 갑자기 터져버린 울음에 결국 하려던 말은 하나도 하지 못했다. 아이가 그렇게 나빠질 동안 나는 내 마음만 챙기고 있었다고. 벌써 4년이나 지났는데도 나는 아직 그날에 머물러 있다고. 이 일을 어쩌면 좋냐고. 애는 또 어쩌면 좋으냐고.

그런데 엄마가 방금 그 말이 자신에겐 다 들렸다는 듯 이렇게 말씀하신다.

"너는 최선을 다했어."

아이를 처음 낳았을 때부터 지금까지 부모님은 모든 병원 스케줄과 아이의 상황을 가까이에서 들여다보셨지만, 서로가 그 시간을 겪는 마음이 어땠는지는 짐작만 할 뿐 나눈

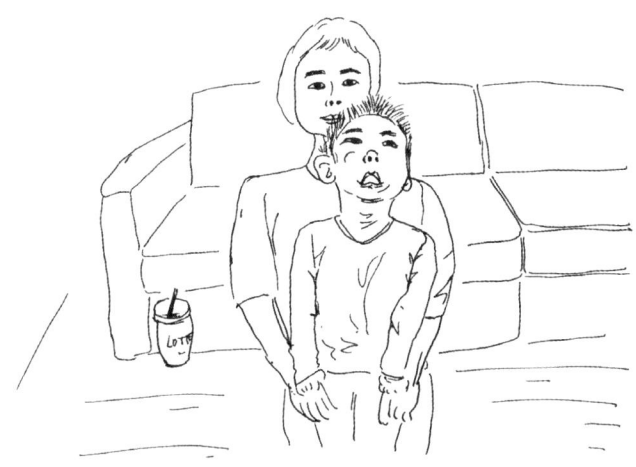

부모님과 부여에 놀러 온 이튿날 비가 왔다.
아침을 먹고 남편과 나 둘만 카페에 가 커피 한잔을 하고 있는데,
명준이 잘 놀고 있다며 아빠가 사진을 한 장 보내셨다.
나는 사진 속 엄마가 너무 젊어 보여 놀랐다. 엄마는 분명
여덟 살 난 명준이를 안고 계셨는데, 내가 명준이만 한 나이 때 찍었던
사진 속 엄마처럼 젊고 행복해 보였다.

적이 없었다. 사실 나눌 수도 없었고 무슨 말을 해야 할지도 몰랐다. 그저 말하지 않아도 서로 다 느낄 수 있다고, 그 마음이 오죽할까, 그런 슬픔을 짐작만 했을 뿐이다.

이렇게 서로가 지켜보고 있으니 그것만으로도 충분하다고 생각해왔지만, 그때 엄마의 그 한마디가 나를 또 일으켜 아이에게 먹일 미역국을 끓이게 했다. 늘 모른 척해주길, 그냥 못 본 척해주길 바라며 조금은 피하고 싶었던 마음 안에는 어쩌면 힘 다 빼고 털썩 엄마에게 기대어 아무도 못 보는 곳에서 울고 싶었던 걸까.

우리의 떳떳함에 대하여

아이 앞으로 태아보험이 없었기에 아이의 치료비는 모두 우리가 감당해야 했다. 그때 남편 회사의 가족 의료비 지원 제도가 큰 도움이 되었고 그건 지금도 마찬가지다. 그러다 작년인가 남편 회사에 의료비를 청구했는데, 인사팀에서 이렇게 답변이 왔다. 재활의학과에서 진행한 엑스레이 촬영에 대해 진단명이 적힌 의사 진단서를 첨부하면 비용을 지원받을 수 있지만, 그렇지 않을 시엔 지원이 어렵겠다는 내용이었다.

해당 촬영 비용은 20만 원이 조금 넘었다. 어차피 물리치료로 일주일에 한 번씩 다니는 병원이었고 서류를 구비하는 건 어려운 일이 아니니, 진단서 받아서 지원받자고 남편에게 말한 건 나였다.

교수에게 자초지종을 설명했다. 회사에서 비용을 지원받기 위한 진단서를 써달라며 진단서에 들어가야 할 내용을 전달하고 진료실을 나왔다. 그런데 원무과에서 비용 결제를 하고 진단서를 받아보니 거기엔 세상에, 아이가 태어나 받은 적 있는 모든 진단명이 적혀 있었다.

기함했다. 너무 많았다. 신생아 중환자실에서부터 아이 앞으로 내려졌던 모든 진단명은 그 내역만으로도 이미 A4 두 장을 넘어가고 있었다. (아마도 그 교수는 진단명이 많으면 많을수록 뭔가 우리에게 더 유리할 거라 판단했던 것 같다.)

남편에게 그 서류를 건네며 "인사팀에서 보고 놀라는 거 아니야?" 하고 어색하게 웃었는데, 남편은 제법 진지한 표정으로 "아마 우리 명준이를 대단한 아이라고 생각할 거야"라고 답한다. 그 힘든 시간을 다 견딘 자랑스런 우리 아이의 치료 기록이 모두 담긴 진단서를 들고 출근했던 남편은 서류를 제출하지 않았다.

그 사실을 남편이 말했을 때, 나는 잘했다고 말하고 아무 말도 보태지 않았다. 실은 우리 아이의 건강 상태에 대한 의학적 설명이 적나라하게 쓰여 있는 그 진단서를 보았을 때, 내가 먼저 곤란했기 때문이다. 이렇게까지 개인적인 사정을 회사에 다 말한다는 것이 어째 치부를 보여주는 것 같았다. (그러나 만일 우리 아이가 세계적인 음악 콩쿠르에서 상을 받았더라도 너무나도 개인적인 사정이라며 밝히길 주저했을까 생각하면, 아이에게 미안해진다.)

며칠 뒤 남편과 그 진단서에 대한 이야기를 나누는데 남편이 내게 이런 말을 한다.

"결국 내가 명준이에 대해 얼마나 떳떳한가, 그게 문젠데."

그날 남편이 거기까지 말했을 때, 이거면 됐다고 생각했다. 우리가 이 이야기까지 서로 입 밖으로 꺼낼 수 있는 거라면, 이것으로 충분하다고.

부모가 된다는 것

원망할 사람이 필요할 때면 서로를 바라보던 시간도 있었지만 이만하면 우리 서로 잘해왔다는 생각이 들었다. 가이드북 하나 없이 갑작스레 '장애아 부모'라는 타이틀을 이름표처럼 앞에 커다랗게 달고서, 그래도 우리 이 정도면 노

아이가 다니던 수도사랑의 학교 바자회에서
한 엄마가 내놓은 저 모자를 아이에게 꼭 씌우고 싶어
나는 얼른 모자를 집었다. 이제 내년이면 시각장애 아동을 위한
유치원으로 옮길 터였다. 아이에게 저 화려한 모자를 씌우고
그 핑계로 환하게 웃고 싶었다.

력하지 않았느냐고 말이다.

 말없이 서로의 그릇 안에서 각자 최선을 다했을 것이다. 아이에게 가해질 처치와 (읽고 있으면 정말 내 아이가 이런 수술을 받아야 한다는 걸까 현실감이 떨어졌던) 수술 동의서에 보호자로서 침착하게 설명을 듣고 사인을 하면서. 아이로 인해 받았던 지나가는 사람들의 안쓰러움과 궁금함 그 어디쯤의 시선을 말없이 다 받아내면서. 그러면서도 아이가 받아 마땅한 사랑과 돌봄을 의심 없이 주면서.

 이토록 황당하게 전개되고 있는 우리 결혼 생활에 대해서는 언제 어떻게 얘기를 나눠야 할지, 어디부터 시작해야 할지, 어디까지 마음을 꺼낼 수 있을지 몰라 차라리 당장 해야 할 것들 뒤에 숨어 많은 것을 소화해왔을 것이다. 그리고 지금 이렇게 별안간 이 아이의 부모가 되어 있는 상황에 대한 총평으로, 아이에 대해 과연 얼마만큼 떳떳한가를 서로 돌아볼 수 있는 거라면, 우리 정말 애썼다 싶었다.

 아이에 대해 앞으로 얼마나 더 서로에게 솔직할 수 있을지 모르지만, 아니면 이 현실이 갑자기 너무 버거워 뒷걸음치며 아이를 부정하고 서로를 원망하고 현실을 회피하게 될지 모르지만, 그것 또한 서로 인정해줄 수 있기를 희망하고 또 결심해본다.

유튜브를 시작하다

　아이가 이렇게 누워 있게 된 뒤 가장 후회했던 것은 아이 모습이 담긴 영상이 너무 없다는 사실이었다. 휴대전화 카메라 사진 버튼 한 번, 그리고 동영상 버튼 한 번, 그렇게 손가락 두 번만 까딱하면 되는 거였는데 그게 힘들어 안 했다.
　사진만으로도 이전의 아이를 생생히 떠올릴 수는 있었지만, 한 번씩 아이가 펄쩍펄쩍 점프하며 좋아하던 모습이 보고 싶어지는 건 어쩔 수 없었다. 그렇게 이제라도 아이의 모습을 영상으로 많이 남겨두기 위해 유튜브를 시작했다.
　사실 진짜 이유는 크게 두 가지다.
　첫 번째. 나중에 아이가 혼자 남겨지게 되더라도, 아이를 돌봐줄 누군가가 이 유튜브 채널 영상을 반복해서 틀어주면 아이가 엄마 아빠의 목소리를 계속 들을 수 있고, 간간이 자신의 웃음소리도 들을 수 있기 때문이다. 현재 구독자수 증가 추이로 보면(넉 달에 한 명씩 느는데 그마저도 지인) 수익이 있는 채널이 될 가능성은 제로에 가까우니 중간에 광고가 삽입될 일 없이 동영상 연속 재생이 가능할 것이다. 돌아갈 수 없는 시절에 대한 그리움과 슬픔이 내 아이라고 없겠냐마는, 그래도 그리운 마음 한 번씩 달래가며 그렇게 지낼 수도 있지 않을까 하는 마음.

두 번째. 그리고 그때 내 아이를 돌봐주고 있을 누군가가 무심코 이 영상을 보다가 이 아이가(아마도 그때는 성인일 테니 '이 사람이') 가족들에게 얼마나 사랑받았는지 알아주길 바라기 때문이다. 이토록 끔찍한 사랑을 받던 아이였으니 부디 함부로 대하지 말아달라는 부탁 같은 것.

혹시 내 영상이 인기 급상승 동영상이 되면 어쩌지 하는 걱정과 설렘을 가지고 몇 개월 영상을 올리던 때는 지나갔다. (심지어 어쩌다 영상 하나가 인기 동영상으로 올랐는지 조회수가 850이 나왔는데 증가한 구독자는 한 명도 없어서 진짜 깜짝 놀랐다.) 어떤 망상에 의해 뭔가를 검열하던 때도 지나갔다. 이제는 자유롭게 동영상 저장소처럼 유튜브를 이용 중이다.

그렇게 언젠가는 '아주 예전의 일'이 될, 6월 셋째 주 토요일 점심 식사 장면 같은 것을 열심히 찍어 올리고 있었는데, 한번은 누군가 댓글을 달았다. 깜짝 놀라 (어머 뭐야, 벌써 어디서 협찬 연락이 온 건가 내심 기대하며) 들어가보니 '뭔 애는 안 주고 어른들만 먹나'였던가. 내가 아이를 안고 식탁에서 밥 먹고 있는 영상을 순전히 알고리즘에 의해 어쩌다 보게 된 사람인 모양이었다.

순간, 정보의 불균형으로 인한 이 불통 현장 앞에 억울했다. 내 아이에게 위루관이 있다는 것, 아이에게 입으로 밥을 먹이는 연습은 나에게도 아이에게도 여전히 힘든 일이라는 것은 '알지도 못하면서' 쉽게 몇 자 적고 사라진 그 사람의 댓글에 이것이야말로 악플이구나 했다.

그런데 시간이 지나면서 아이와 함께 지내는 한, 아이를 데리고 근처에 잘한다는 순두붓집에서 밥을 먹고 핫도그를 사 먹으러 양평 두물머리를 돌아다니는 한, 그건 우리 가족이 받게 될 대부분의 반응일 거란 생각이 들었다. 그 사람은 그나마 표현을 해줬다는 것도 말이다. 사정을 잘 모르는 이들이 우리와 스치며 빠르게 파악하고 판단했을 우리 가족의 모습이 그럴 수 있겠다 생각하니 갑자기 그 불통이 소통의 한 갈래로 느껴지며 재미있다는 생각이 들었다.

우리의 모습이 남들에게 특별하게 비춰져야 한다고 생각하는 것 자체가 어쩌면 장애에 대한 가장 큰 편견인지 모른다. 모두가 우리에게 힘을 내라고 해야 하는 건 아니라고. 그저 각자의 삶을 각자 살아가며 서로 도울 수 있는 것은 돕고 이해할 수 있는 것은 이해하며 살아가는 것만이 모두의 최선이라는 것도 그 댓글 덕분에 생각해보게 됐다. 그리고 솔직히 말해서 애는 안 주고 어른들만 먹은 건 사실이지 않은가?

내가 유튜브에 아이의 모습과 아이를 대하는 우리의 모습, 그 모든 것이 전 세계에 공개되어도 상관없다는 듯 영상

예전에 쓰던 휴대전화 속 사진들을 노트북에 옮겼다.
옛날 명준이가 보고 싶어질 때마다 한 번씩 봤지만
한꺼번에 훑듯 본 건 처음이었다.
명준이의 표정과 몸짓 하나하나를 살피듯 눈을 크게 뜨고 보았다.
아프고 행복했다.

을 올려대는 것은 사실 일종의 노출 훈련이다. 지나간 인연이었던 누군가가 내가 지금 이렇게 살고 있는 모습을 본다고 해도(가령, 내가 17년 전 팀 프로젝트를 함께했던 과후배나 그리 친하지 않았던 회사 동료, 혹은 나를 좋아했던 소개팅 그 오빠라든가 나를 알아본 추억 속의 누군가가 우연히 내 영상을 보고는 "어?" 하며 화면 속 여자가 바로 나임을 확신하고 반가워하다가 아픈 내 아이를 보며 여러 복잡한 마음이 들었다고 해도) 별수 없다. 기왕지사 평탄하게 살고 있었다면 더 좋았겠지만 '뭐, 난 요즘 이렇게 살고 있어요.' 누구에게라도 말할 수 있는 그 마음의 상태를 유튜브에 하나씩 올리며 매일매일을 빚어내고 있는지도 모른다.

사연 없는 사람, 내게 다가오지도 마

기구한 운명의 주인공을 찾아라

치료적 과제의 하나는 내담자가
세상을 보는 자신만의 방식과 자신의 이야기를
어떻게 만들고 있는지를 깨닫게 돕는 것이다.
마이켄바움은 우리 모두가 '이야기하는 사람들'이며,
자신과 타인에 대한 이야기를
자각할 수 있어야 한다고 주장했다.

제럴드 코리,
《심리상담과 치료의 이론과 실제》346쪽

그때 나를 유난히 사로잡았던 영화들이 있다. 현실에서 멈춰버린 내가 영화 속에 살아 있는 인물들을 구경했고 그들의 말을 들었다.

흐르는 강물처럼

형과는 달리 고집 세고 자유분방하여 목사인 아버지와 충돌이 많았던 둘째 아들 폴(브래드 피트). 어느 날 그가 길에서 맞아 죽었다는 소식을 전해 들었을 때, 폴의 아버지는 그 소식을 전하고 있는 폴의 형에게 묻는다. 뼈가 다 부러진 손이 어느 쪽 손이었냐고.

그 아버지는 자식을 잃은 상실감에 쓰러지는 아버지가 아니었다. 아들이 어느 쪽 손뼈가 다 부러질 정도로 맞아 죽었는지, 그 끔찍한 순간에 자식 곁에 있어주려는 아버지의 모습이었다. 시간이 많이 흐르고 그 아버지도 어느덧 인생의 마지막을 향해 갈 때, 교회에서 설교를 하며 그는 이 말을 남긴다. "완전히 이해할 수는 없어도 완전히 사랑할 수는 있습니다."

영화 속에서 그 말은 너무나도 당연하고 의심 없이 들렸다.

뇌파 검사 받으며 입이 삐죽 나온 명준이.
한 번씩 아이가 병원에 입원할 때마다 내가 가장 놀랐던 점은
아이가 이곳이 어디인지 정확히 알고 있다는 사실이었다.
이제 곧 다가와 자신의 몸에 손을 댈 저 사람과
자신의 힘의 차이를 완전히 이해하고 있었다.
아이는 입술을 내밀고 서러워질 뿐 결국 자신이 질 싸움에
눈물을 흘리는 소용없는 수고는 하지 않는다.

내게 원래 아이가 둘 있었는데 그중 하나가 죽고 하나가 남았을 뿐이라고 믿어야만 살아낼 수 있는 시간이 있었다. 그래야만 아이를 잃은 상실감과 (남은) 아이를 키울 막막함을 모두 설명할 수 있을 것만 같던 나에게 이 영화는 이렇게 말해주는 것 같았다.

그래야만 네가 버틸 수 있다면, 그렇게 믿고 살면 된다고. 지금 네가 해야 할 일은 그저 아이가 몸을 활처럼 뒤로 휘며 모든 것을 잃어가던 그 끔찍한 모습을 기억해주는 거라고. 그 설명할 수 없는 시간을 혼자 다 겪어내고도 다시 네 곁에 살아 있는 그 아이를, 도무지 이해할 수 없는 그 아이의 모든 것을 완전히 사랑하는 것뿐이라고.

몬스터 콜

아픈 엄마를 둔 어린 아들의 시선이 돋보였던 영화다. 곧 엄마를 잃어버릴 것만 같은 아이의 공포가 너무나도 '정확하게' 표현되어 보는 내내 오히려 불편할 지경이었다.

아이는 엄마가 떠나버릴까 두렵다. 부디 평범했던 자신의 일상을 되찾길 바라는 아이는 아파 괴로워하는 엄마의 모습을 방문 틈으로 훔쳐보며 이러다 엄마가 죽어버리는 건 아닌지 무섭기만 하다. 그리고 어떤 꿈 하나를 반복해서 꾼다. 꿈에서 아이는 자신이 손을 놓으면 엄마가 절벽 아래로 떨어져 죽을 상황에서 끝내 엄마의 손을 놓는다.

꿈이지만 자신이 왜 그랬을까 자책하며 괴로워하는 아이에게 몬스터는 아이의 무의식을 직면하게 한다. 힘들게 마주한 아이의 속마음에는 엄마가 얼른 죽어버렸으면 좋겠다는 소망이 있었다. 엄마가 차라리 죽어버려 이 '죽음을 기다리는 듯한 고통의 시간'이 부디 끝나길 바랐던 것이다.

아이는 도망치고 싶었을 것이다. 그래서 엄마가 죽은 뒤, 엄마가 살아 있을 때 손 한 번 더 잡아주지 못한 자신을 원망하고 비통해하고 매일 후회하게 되더라도 차라리 그걸 선택해서 일단 여기서 도망치고 싶은 간절함. 나는 그 마음을 알 것 같았다.

자신의 마음을 고요하게 아무런 과장 없이 홀로 바라본 적이 있는 사람은 변한다. 보통은 다시 예전으로 돌아갈 수 없을 만큼 변하는데, 영화 속 아이도 그랬다.

아이는 이제 자신 안의 두려움과 공포, 앞선 슬픔 모두를 끌어안고 엄마에게 가 폭 안긴다. 엄마를 잃을까 두려워 도망치고 싶던 아이는 이제 곧 자신을 떠날지 모를 엄마를 꾹꾹 만질 수 있게 되었다. 비로소 현재를 살 수 있게 되었다. 자신의 속마음을 힘들게 마주한 아이는 이제 엄마와의 기억, 엄마의 냄새 같은 것을 선물로 받는다.

어떤 일이 있다고 해도 도망치지 말고 사랑할 것.

나도 그럴 수 있을 것이다.

미 비포 유

영화에는 쳐다보기만 해도 숨 막히게 섹시한 남자가 나오고 있었다. 누군지 검색해보니, 이름도 어쩜 샘 클라플린.

영화 속에서 남자는 사고로 전신마비가 되었다. 그래서 그는 계속 휠체어에 앉은 채로 등장하는데, 나는 그걸 보면서 그가 화장실을 이용할 때나 씻을 때, 옷 갈아입을 때마다 저 덩치 좋은 남자를 누가 휠체어에서 들고 옮기고 앉히고 눕힐까, 그 생각을 했다.

영화 속 남자는 전신마비가 된 자신의 삶을 이제 그만 스스로 멈추기를 희망하고 있었다. 그러니까 '현실을 받아들이고 여기서 다시 살아보기'를 포기하겠다는 선언. 왠지 이해할 수 있을 것 같았다.

남자는 지난날의 자신을 너무 사랑했던 거겠지. 그때의 삶이 너무 그리운 거겠지. 자유롭고 건강했으며, 인생과 사람을 마음껏 사랑할 방법이 자기 손 안에 있었던 그 시간들이 너무나 소중했기에 이제 그만 생을 멈추고 싶은 것이다. 그는 지금의 삶이 너무 끔찍해서라기보다는, 이전의 삶이 너무 아름다웠기에 더 힘들어하는 듯 보였다.

영화를 본 이들은 남자의 자살을 두고 여러 생각을 내놓았을 것이다. 그래도 목숨은 소중한데 그것을 스스로 끊는다는 것은 죄를 짓는 거라는 얘기부터, 그렇게 큰 사고가 났는데도 인지에 전혀 손상을 받지 않은 게 얼마나 큰 행운인지 모르는 게 안타깝다는 말도 나올 수 있겠고, 그래도 집에 돈이 많고 자신을 든든히 지원해줄 가족과 지금 그 모습 그대로를 사랑한다는 여인도 만나게 됐는데 그렇게 허무하게 가버릴 수 있냐며 그의 선택을 나름대로 평가할 수도 있을 것이다. 그런데 나는 끝내 죽음을 택한 남자를 보며 이런 생각을 했다.

'그동안 고생 많았어요.'

이 영화를 보면서 죽음이 선택일 수 있다면 살아 있는 것 또한 선택이겠다는 생각을 했다. 죽지 못해 사는 것이 아니라, 죽을 수 있었으나 살기로 결정하고 사는 거라고. 그러면서도 동시에 잠깐. 그럼 나도 나중에 명준이랑 스위스로 가면 되는 건가? 그래도 죽으러 가는 건데 둘 다 퍼스트는 타줘야 되니까. 그럼 얼마가 있으면 되려나?

어바웃 타임

이 영화를 자신의 인생 영화로 꼽는 사람을 보았다. 그렇다. 이 영화를 본 누구라도 언젠가는 끝날 우리 인생을 어떻게 하면 더욱 소중하고 의미 있게 보낼 수 있을지 이제야 감을 잡았다는 듯 자신감에 차게 될 것이다. 그리고 영화감독의 의도는 아니었을지 모르나, 나 역시도 영화를 보고 난 뒤 나름의 어떤 희망에 부풀어 오르는 시간을 갖게 되었다.

영화에서 남자는 시간여행을 할 수 있는 초능력이 있다. 원하지 않았거나 후회되는 순간은 그때로 돌아가 '인생에서 삭제하고 싶은 시간'을 수정해 다시 살아볼 수 있는 것이다. 그런데 어떤 일을 계기로 남자는 그 초능력을 이용하며 사는 인생에 의문을 가지게 되면서 영화는 명대사들을 마구 쏟아내기 시작한다.

영화는 아름다웠다. 그저 단 한 번 주어지는 이 삶에 (제발) 최선을 다하라고 감독은 목놓아 전달하고 있었다.

나는 이 영화에 사용된 '시간을 되돌리는 초능력'의 등장에서 내 삶을 살아갈 강력한 힌트 하나를 얻었다. 내가 죽기 전날 초능력을 이용해 어느 하루를 다시 살아보기 원해 돌아온 날이 바로 '오늘'이라고 설정하고 살아보면 어떨까 싶었다. 그러니까 죽기 전 가만히 생각해보니 다시 살아보고 싶은 하루가 바로 '오늘'이었다고 (닥치고) 믿어보는 것이다. 그토록 생의 마지막을 꿈꾸며 살아왔으나 막상 죽을 때가 되고 보니 후회되는 날이 하루 있어 돌아온 시간이 바로 '오늘'이라는 설정.

그렇다면 왜 하필 오늘로 돌아왔을까? 다음과 같은 이유가 있을 수 있다.

- 아이가 아직 작고 귀여움(특히 머리 크기에 비해 좁은 어깨와 짧은 허벅지): 이제는 쉰이 넘어 피부 곳곳에 주름이 지기 시작했을 아이의 몸을 바라보며 나는 그 옛날이 얼마나 절망적으로 느껴졌든, 이따금 아이의 짧은 손가락 마디의 귀여움에 감탄하던 오늘을 그리워했을 수 있겠지.

- 양가 부모님이 모두 살아 계심: 만일 모든 것이 순리대로 돌아간다면, 부모님들은 나와 남편보다 모두 먼저 돌아가실 것이고, 그때가 되면 부모를 잃어본 모든 이들이 입을 모아 경고했듯 '계실 때 잘할걸' 후회하며 꽃이 피면 꽃이 피어서, 비가 오면 비가 와서, 맛있는 음식을 먹으면 음식이 너무 맛있어서 그대들이 보고 싶어질 테니까.

- 건강한 내 신체: 잠을 잤다고 할 수 없을 만큼 잠을 자고, 족쇄가 채워진 듯 살고 있다고 생각하면서도 마음으로는 '기회만 있어봐라, 내가 어디든 간다' 외칠 수 있는 지금의 자신감이 나중에 생각하면 눈물 나게 부러울 수도 있

화장실에 들어간 나를 기다리는 명준.
사람은 내가 얼마나 사랑받았느냐가 아니라 얼마나 사랑하는가를
알 수 있는 거라고 생각했다. 그런데 온몸에 힘을 주다 지쳐 잠든
아이의 손을 잡고 있으니 아이의 어떤 모습이 떠올랐다.
그저 '그때쯤 흔히 그러는' 행동쯤으로 여겨지며, 귀찮고 매우 곤란하며
숨이 막힌다고까지 평가받는 아이들의 행동. 바로 화장실에 들어간
엄마를 화장실 문 앞에서 기다리다가 엄마가 안에 있는 게 맞는지
문을 열고 확인해야만 하는. 그것이 약자의 생존본능이건 아니건
무엇도 개의치 않고 그토록 나를 사랑해준 사람이 바로
이 아이였고, 이 아이 곁에서 내가 얼마나 소중한 사람이었는지가
그날 밤 다 떠올라버렸다.

을 것이다.

이 영화에서 얻은 삶의 힌트. 오늘 하루를 아무쪼록 즐겁게 지내며, 지금의 이 모든 것에 (인지 과정을 거쳐서라도) 감사하는 마음을 갖도록 (어떻게든) 최면을 걸고 있는 작업은 (발악하는 느낌이 들었다는 점에서) 스스로도 때론 좀 우스웠지만 그럼에도 불구하고 그 억지의 상황극이 어느 하루를 또 버티게 했다.

그 돌아온 하루의 기쁨과 슬픔, 경이로움과 환희, 절망과 고통, 후회와 원망 등 모든 감정을 풀코스로 체험하고 나면, 다시 죽기 전 누워 있던 곳으로 돌아가 '아, 이제 진짜 후회도 미련도 없다, 진짜 끝끝끝' 하고 마지막 숨 들이쉬고 관에 들어갈 수 있을 거라는 희망. 그토록 원했던 긴 잠에 들 수 있을 거라는 바로 그 희망.

포레스트 검프

아이를 낳기 전과 후의 감상이 가장 달랐던 영화다. 아이를 낳기 전에 봤을 땐, 발달장애가 있는(솔직히 지금 생각해보면 이 정도의 장애를 장애라고 말해도 되는 건가 싶기도 하지만) 포레스트 엄마의 그 강인한 태도가 너무 멋있었다.

이 영화의 명대사로 꼽히는 "인생은 초콜릿 상자와 같다"는 말을 한 것도 바로 포레스트의 엄마. 살면서 우리가 어떤 초콜릿을 꺼내게 될지는 아무도 모르는 거라 말하며 인생의 '희망'에 대해 힘주어 이야기하던 신념과 태도, 그 모든 것이 너무 아름답다고 생각했다.

그런데 막상 장애아의 엄마가 되고 보니, 나라면 아이에게 이렇게 말할 것 같았다.

"애야, 인생은 초콜릿 상자와 같긴 한데, 쓴 초콜릿을 먼저 뽑았다고 해서 뒤에 달콤한 초콜릿을 뽑는다는 보장이 없단다. 이 인생이란 건 말이다, 정말이지 거지 같은 거야!"

영화에서 어떤 장면이 감독의 착오로 빠졌거나 편집 과정에서 삭제되었다고 확신했다. 그것은 포레스트 엄마의 단독 장면. 영화 어디에도 포레스트를 낳고 회복될 수 없을 정도의 좌절을 겪는 포레스트 엄마의 모습은 없었다. 자신이 그려온 어떤 세상에 대한 허무함과 대상 모를 배신감, 앞으로 어떻게 살아가야 할지 모르는 막막함과 스스로에 대한 자책, 아이에 대한 죄책감과 홀로 느꼈을 어떤 수치심 등을 다루는 장면은 눈을 씻고 봐도 없었다.

나는 이게 다 '감정에 충실한 인물에 대한 경시'가 빚어낸 현상이라며, 포레스트 엄마에게 할애되지 않은 영화의 분량을 두고 혼자 한탄했다.

아이의 입에서 피가 나 놀라서 보니, 약간 흔들거리던 이는
정작 잘 붙어 있고 빠질 기미가 없던 이가 빠지기 직전이다.
집 앞 치과에 급히 데려가 1초 만에 발치한 뒤
의사로부터 이런 얘기를 들었다.
"영구치는 유치의 뿌리를 녹이면서 올라와요."
사라질 것들은 그렇게 다 때가 되면 뿌리까지 싹 사라지리라 믿고,
붙어 있는 동안에는 제 기능이 있으리라 믿고, 기다리기로.

포레스트의 엄마가 그 시간들을 어떻게 소화해냈고, 그 안에 어떤 어려움과 갈등이 있었는지가 영화에 담겼다면 어땠을까. 아이를 학교에 보낼 수만 있다면 학교장과의 하룻밤 따위 아무것도 아니라고 생각한 그 엄마의 신념이 어떻게 만들어졌는지, 그때의 감정은 무엇이었는지, 혼자 눈물 흘리는 장면 하나쯤 영화에 있었다면? 그랬다면 다시 본 이 영화에서 나는 위로받을 수 있었을까? 장애아의 엄마가 된 수치심에 대해, 당혹스러움과 난처함과 그로 인한 자격지심에 대해, 아이를 어떻게 바라보면 되는지에 대한 그녀의 고민이 영화에 담겼다면?

아니다. 그래 봤자 나란 사람, 저 정도의 장애를 가진 것에 감사하지 못하고 저렇게 울고 앉아 있다며 욕을 하며 봤을 테지.

기억이 있는 곳으로 돌아가지 말 것

추억이 있는 곳이라면, 절대 접근 금지

실존적 여정에 승선하는 것은
그 길에서 우리가 발견하는 것에 접촉하고 흔들릴 수 있도록
우리를 준비시키는 것이지, 우리의 한계와 약점,
불확실성과 의심을 발견하는 것을
두려워하지 않도록 요구하는 것이 아니다.
그저 우리가 마주할 수 있는 칠흑 같은 매일의 미스터리에 대해
열린 마음과 호기심 어린 태도가 필요할 뿐이다.

제럴드 코리,
《심리상담과 치료의 이론과 실제》177쪽

화끈하게 미친 채로 살아갈 수 있었다면 그 삶은 얼마나 편했을까. 그 이기적이고 안쓰러운 삶은, 그러나 상처와 완전히 단절하고 얼마나 평범했을까. 하지만 미치는 것도 아무나 미칠 수 있는 것이 아니고, 어쩔 수 없이 내게 하나 남아 있던 '다시 살아내기' 카드를 떨떠름한 표정으로 집어 든다.

소설가 김영하는 어느 방송에서 어떤 에세이 작가의 이런 말을 옮긴 적이 있다. "우리가 오래 살아온 공간에는 상처가 있다."

신생아 중환자실에서 7개월 반 동안의 치료, 열한 번의 머리 수술을 견디고 집으로 온 아이는 우리의 예상보다 훨씬 더 많은 것들을 누리고 즐길 줄 아는 아이로 자랐다. 오른손을 거의 쓰지 못했는데도 아이에게 "사랑해"라고 말하면 자기도 사랑한다고 대답하기 위해 왼손으로 오른손을 야무지게 붙들고 동시에 머리 위에 착 올려 하트를 만들어내는 아이였다.

아이는 빙글빙글 돌아가고 있는 드럼세탁기 안을 들여다보는 것도 너무 좋아했다. 내가 먼저 세탁기를 작동해버릴까, "명준아 세탁기 돌리자" 하면 엉덩이로 통통 튀어 어느새 세탁기 앞에 와 초조해하며 아무 버튼이나 막 눌러대던 아이. 그때 그 아이의 간절한 눈빛이나 다급한 숨소리 같은 것이, 꽤 진지하게 꼬물거리던 손가락의 움직임 같은 것이 그 아이를 사랑하게 했다.

깨끗하게 씻은 사과를 반으로 탁 가르고 있으면 아이는 이미 엉덩이로 통통 튀어 내 곁에 와 있었다. 손에 사과 8분의 1조각 하나 쥐어주면 야무지게 한입 깨물고 그 사과의 단맛을 온몸으로 느끼며 오물오물, 갑자기 좌우로 몸을 흔들던 아이. 그 모습을 보고 있노라면, 이렇게 이쁜 새끼 두고 사과 혼자 조용히 먹는 게 소원이던 내 처지가 우스워 헛웃음이 나곤 했다.

아이는 샘도 많았다. 엄마가 명준이보다 한 살 어린 울산에 있는 조카와 영상통화를 하다가 끊으면서 사랑한다고 말 한마디 (잘못)했다가, 틈만 나면 할머니 등에 찰싹 붙어 업어달라고 이쁜 짓을 해대던 아이가 갑자기 할머니와 말도 하지 않으려 했다. 그러면서도 할머니의 시야 안에 계속 머물면서 엉뚱하게 내 입에 과자를 쏙 넣어주며(말하자면 나는 할머니와의 밀당에서 질투 유발자로 이용됨) 할머니를 자극할 줄 아는 아이였다. (이후 엄마는 명준이가 집에 와 있을 때는 조카의 전화를 절대 받지 않기로 결심하고 그 결심을 지켰다.)

계단을 발견하면 그게 어디든 무조건 꼭대기 층까지 올라야 했으며, 엘리베이터를 발견하면 꼭 안에 들어갔다가 나와야 직성이 풀리는 아이. 보라고 사준 그림책에는 별 관

돌아가는 드럼세탁기를 관람하던 명준.
세탁기가 돌아갈 때마다 아이는 유리 너머 세탁기 안을
저렇게 들여다봤다. 어찌나 집중해서 보던지, 정신없는 육아에
잠시라도 이 집에 나 혼자 있다고 착각하고 싶을 때면
세탁기를 일부러 돌리기도 했다.
세탁기 앞에서 저러고 있는 아이가 사진 속에서 입은 옷은
한여름 민소매 티셔츠부터 한겨울에만 입히던 조끼까지 다양하다.
그야말로 론드리 컬렉션이다.

심이 없고, 내《EBS 입이 트이는 영어》교재만 자꾸 들춰 나를 황당하게 또 웃게 하던 아이.

하품만 한 번 해도 예쁨 받던 집안의 꽃(하품만 해도 다들 박수 치고 귀여워하니, 나중에는 가짜로 하품하며 사람들 관심을 끌고 확인하는 것을 즐기는 수준에 이르렀던, 사랑받는 법을 알았던 너), 명준.

이런 기억과 추억으로는 아무것도 할 수 없을 것 같았다. 그러니까 내가 이걸 다 기억하고 있어서는 어디에도 갈 곳이 없었고 슬퍼하지 않고 먹을 수 있는 음식이 없었다. 도대체 아무렇지 않고도 할 수 있는 일이 있기나 할까?

삶이 끝나지 않고 계속된다는 사실에 그토록 절망해본 적이 없었다. 그러나 아이는 오늘도 가슴을 올렸다 내리며 숨을 쉬었고, 목이 마르면 입술의 주름이 진해졌다. 아이는 살아 있었다.

다시 살아보겠다는 생각이 대단한 결단에 의한 것은 아니었다. 어떻게든 아이를 잘 돌봐야겠다는 마음도 아니었고 그저 마지못해 했던 선택이었다. 그럼에도 마음 한켠에서 느껴지는 확신 하나. 다시 시작하는 지점은 반드시 여기여야 한다고.

주말에 가끔 가던 강화도 카페 '그린홀리데이'는 커피

맛도 좋았지만 무엇보다 카페 안에 있는 계단을 아이가 좋아해 자주 갔던 곳이다. 한참 만에 다시 찾은 카페에 도착해 그새 훌쩍 큰 아이를 들쳐 안고, 아이가 좋아했던 계단을 내가 대신 하나씩 밟아 2층으로 올라간다. 카페 2층에 있는 테라스 밖으로 나가니 그때 그 풍경들이 아직 거기 있다. '안녕? 우리에겐 많은 일이 있었어'.

이렇게 또 한잔 마셨다가는 분명 잠에 드는 시간이 두 시간쯤 뒤로 밀려날 걸 알면서도 어떤 의식을 치르는 마음으로 경건하게 주문한 따뜻한 카페라테와 쇼콜라 빵. 반가운 표정을 어색하게 짓고 둘러보기 시작하는 주변. 그곳에 딱히 우리를 쳐다보는 이도 없거늘 나는 누군가를 의식한 듯 긴장하고 있다.

카페의 모든 것은 그대로였다. 시간이 지나도 이렇게 변하지 않는 것들이 있는데, 어떻게 우리에겐 그렇게 엄청난 일이 일어날 수 있었던 건지 새삼 놀란다.

서울대는 집에서 가깝기도 하고, 장애인 차량은 주차비도 무료라 자주 갔다. 아이는 버들골 잔디밭에 돗자리를 깔기 무섭게 그 넓은 잔디밭을 돌아다니고 싶어 해서 남편과 나 둘 중 하나가 자세를 낮춰 아이의 두 손을 잡고 걷거나 뛰어야 했다. 그랬던 잔디밭이다. 그게 마지막 기억인 곳.

그리고 이제 아이를 들쳐 안고 잔디밭을 천천히 걷는다. 관악산이 빙 두르고 있는 이 잔디밭 냄새, 아이가 기억할까 생각하고 있는데 아이가 웃는다. 그래, 네가 다시 웃을 수 있는 거면 그걸로 됐어. 너를 안고 다시 이곳에 서 있을 수 있으니, 그걸로 됐어. 그렇지?

아이는 숙소에 들어가자마자 엉덩이를 통통 튕겨 바깥이 잘 보이는 거실에 딱 자리 잡고 밖을 구경하고 있었다. 아이의 둥근 머리와 그 아래의 작은 몸통. 창 너머로 보이던 하늘과 산을 아이의 뒷모습과 함께 바라보던 그 시간. 나는 그럴 때 감동했다. 행복을 넘어서는 절대적인 순간들이 분명 존재했다.

그리고 이제 다시 아이를 들쳐 안고 그곳에 들어서고 있다. 차를 타고 오느라 이미 피곤할 아이를 일단 침대에 좀 눕히자 생각하며 침실로 들어가다가 그때 보이던 산이, 그 위의 하늘이 내 눈에 들어온다.

산다는 건 기본적으로 너무 이상했다. 내게는 이리도 잔인한데 우주의 관점에서 보자면 이것은 또 얼마나 사소한 일일까 생각한다.

완전히 달라진 아이와 함께 집에 돌아와서야 나는 이

아이를 낳고 무너진 건 남편이 아니라 나라고 믿어왔지만,
그날 저 해에 아이 얼굴을 비춰주고 있는 남편을 보고 있자니
그가 이 잔디밭을 아이의 손 잡고 뛰어다녔던 장면이 떠올랐다.
누가 더 힘들었단 생각, 이제 그런 생각은 하지 말자 했다.

집에 이 아이의 손길과 숨결이 닿지 않은 곳은 한 군데도 없다는 것을 완전히 인정하고 말았다. 어떻게든 살아지겠지? 그건 왠지 불가능할 것 같았다.

현관으로 들어와 세탁실과 부엌, 싱크대를 지나 거실로. 소파를 지나 거실창을 열면 이제 베란다. TV 옆으로 안방, 그 옆에 화장실, 거기서 코너를 돌면 또 다른 방. 그리고 그 앞에 놓여 있는 우리 집 식탁. 집 안 그 모든 곳에 아이를 껴안고 행복해하던 시간과 그 아이를 버거워하고 미워했던 시간이 펄펄 살아 있었다. 우리의 모든 시간을 지켜본 그 집이 다시 돌아온 우리를 말없이 맞아주고 있었다.

아이가 보고 만지고 일어서고 움직였던 모든 흔적이 있는 곳에서, 이제 아이는 온몸이 나무토막처럼 굳어서는 하루 종일 힘주고 있다. 아무리 사과를 소리 내 잘라봐도, 세탁기를 돌릴 때마다 "엄마 이제 세탁기 돌린다" 다정하게 외쳐보지만, 슬쩍 돌아보면 아이는 누워 있다.

곧 있으면 아이의 초등학교 입학이었다. 우리 그냥 이사가자.

새로운 집은 안과 밖에서 보고 듣는 것이 완전히 다른 곳이기만 하면 될 것 같았다. 라면과 우유를 사러 슈퍼에 가는 길목이 다르고, 지하철역이나 버스정류장까지 걸어가며 지나치는 상가들과 스치는 사람들이 다르기만 해도 충분했다.

새롭게 탐험해볼 카페가 도처에 널린 곳으로. 캉파뉴를 맛있게 굽는 빵집을 찾아 유아차를 끌고 나가볼 수 있는 곳으로. 우리를 아는 사람은 부동산 아주머니를 제외하곤 아무도 없는 곳으로. 아이가 스친 기억이라곤 어디에도 없는 곳으로. 우리 그런 곳으로 가자.

엘리베이터를 기다리는 동안
복도 창문으로 들어오는 햇볕을 아이에게 쏘여주고 있는 아빠.
어른들에게 기쁨을 주기 위해 태어나는 아이들은 없어야 하지만
온갖 예쁜 짓을 하던 아이가 두 달 만에 황당한 상태로
다시 집에 왔을 때, 나를 포함한 가족 모두가 어찌할 바를 몰랐다.
밥을 좀 먹으려는데 저기서 또 아이가 온몸에 힘을 주며
괴로워하기 시작하면 나는 누구라도 들으라는 듯이 숟가락을 탁
내려놨다. 피해자는 분명한데 가해자는 불분명한 사건 앞에서
나는 점점 나 스스로를 가해자로 지목하고 있었다.
나는 아이를 바라보는 것이 점점 더 불편해졌다.
그러던 어느 날 내가 그 장면을 보고 말았다.
아빠는 아이에게 장난을 치고 계셨다. 몸에 힘을 잔뜩 주고 있는
아이의 이마에 간지럼을 태우고 머리를 쓰다듬어
아이가 긴장을 풀게 한 뒤 아이의 양쪽 다리를 번갈아 구부려주며
아빠는 이렇게 말씀하고 계셨다.
"할아버지가 알아냈어. 너 내가 이렇게 하면 힘 못 주겠지? 그치?"
두 달 전 아이에게 장난치던 그 목소리 그대로
아빠는 아이의 몸을 만지며 달래고 계셨다.
그런데 그때 아이가 웃고 말았다. 아이가 웃고 있었다.
자신은 그저 이렇게 다시 가족의 한 자리를 차지하고 싶었을 뿐이라고
그냥 이렇게 끼어서 나도 같이 어울리고 싶었을 뿐이라고
아이가 말하는 것 같았다.

2장   여기가 도망칠 수 있는 끝

계속 돌아가는 세상을 구경하자

어딘가에서 지속되고 있는 누군가의 삶

선택 이론은 내담자가 통제할 수 없는 것에 대해
말하는 것은 아무런 의미가 없다고 가르치면서, 내담자들이
관계 안에서 조절할 수 있는 것이 무엇인지를 강조한다.
이는 '당신이 통제할 수 있는 유일한 사람은
바로 당신 자신'이라는 것이다.

제럴드 코리,
《심리상담과 치료의 이론과 실제》369쪽

이 훈련의 효과는 다음과 같다.

- 어쨌든 시간이 간다.
- 의외로 괜찮은(가라앉지 않는) 기분이 들거나, 놀랍게도 웃을 일이 생기기도 한다.
- 사람에 따라서는 이 훈련을 통해 자신을 바라보는 색다른 시선 하나를 선물받을 수도 있다. '내가 아무것도 아닐 수 있다'는 허무함도 실은 자기 자신을 너무 거대하게 인식해왔음의 방증일 수 있고, '내가 할 수 있는 일은 아무것도 없다'는 무력감도 실은 '언제나 그 무엇이어야 하는 나'에 사로잡혀 있었던 것일 수 있다는 의심 말이다.

다음은 몇 개의 훈련 방법 상세 내역이다.

창밖으로 지나가는 사람들을 쳐다보라

집에서 밖이 잘 보이면 집에서, 집에서 여의치 않다면 카페 창가에 앉아 훈련해볼 수 있다. 이렇게 생각하면 쉽다. 이제 태어난 지 얼마 안 된 아이가 눈앞에 빙빙 돌아가고 있는 모빌을 구경하며 시간 보내는 것의 그럴듯한 어른 버전.

자, 여건이 마련됐다면 이제 바깥이 잘 보이는 곳에 자리를 잡고 앉아 매직아이 책을 볼 때처럼 눈을 희한하게 만들고 거리를 응시해보자. 서로 다른 다리 길이를 가진 이들이 리듬감 있게 움직이는 모습은 마치 한창 연주 중인 피아노 건반을 위에서 흐릿하게 내려다보고 있는 기분이 들 것이다. 해보라. 시간 엄청 잘 간다.(특히 퇴근길 지하철역 부근의 카페라면 더욱 격정적인 연주 관람 가능)

거리를 오가는 사람들의 모습은 믿을 수 없을 만큼 다채로웠다.

우주의 인연을 돌고 돌아 마침내 우리가 만났다는 듯, 내 영혼의 짝은 바로 이 사람이라는 확신이 없고서야 도저히 흉내 낼 수 없을 눈빛을 장착하고, 그것을 이 길거리에서는 이렇게밖에 표현이 안 되겠다는 듯 꽉 잡고 있는 연인의 손.

결코 긴 편이라고 말하기는 어려운 하체를 빠르게 움직여 한 발자국씩 앞으로 이동하고 있는, 어쨌든 목적지가 있는 사람들 특유의 생기 있는 걸음걸이.

남녀공학 중학생들 우루루루 몰려 나오는 학교 앞 횡단보도. 커다란 동작과 목소리로 누군가를 의식하는 듯한 여학생 바라보며, 저 남학생 무리 중 누굴 좋아하는 걸까 혼자 상상해보고.

어느 70대 할머니가 신고 있는 올해 최신 유행 컬러라던 핫핑크 플랫슈즈를 따라가다 보면 어느덧 완성되는 느릿

한 아다지오 연주.

자신이 원래 어떻게 걷던 사람이었는지 기억나지 않는다는 듯, 이제 막 걸음마를 뗀 아이의 걸음 속도를 쫓아 측면으로 허리를 한참 기울인, 아기띠를 허리에 바짝 둘러맨 젊은 엄마의 걸음.

도저히 앞으로는 한 발자국도 발이 나가지 않는다는 듯 잠시 서서 휴대폰 여기저기를 눌러보고 있는 한 남자의 간절한 손놀림.(시간과 복장상 퇴근길이었던 것으로 추정)

어디선가 나타난 누군가가 거리의 가로등 덮개 부분을 닦고 있다든지(이걸 닦는 분이 있는 줄 몰랐다), 무려 광화문 이순신 장군에게 엄청난 압력의 물세례를 가하며 동상을 청소하고 있는 누군가의 집중력을 구경하고 있으면(동상도 청소하는지 몰랐다), 잠시 현실에서 벗어나 멍하게 있을 수 있었다.

일단 먹방을 보자

이걸 다행이라고 할 수 있을까? 나에게는 뭔가 나의 내면을 보게 될 것만 같은 타이밍에 귀신같이 한 발 빼는 능력이 있었다. 조금만 마음이 어지러워진다 싶으면 서둘러 유튜브를 켜고 먹방을 시청했다.

끝내 내가 봐야 하는 게 결국 '이 현실을 받아들여야 하는 나'에 대한 확인이거나 '현실을 받아들이기 싫어 도망치고 싶은 나'를 직면하는 일이라면 뒤도 돌아보지 않고 냅다 도망쳤다.

누군가 휴대전화 화면 속에 나타나 "안녕하세요, 반갑습니다" 말해주면 그게 그렇게 위로가 되었고, 영상 오른쪽 하단에 표기되어 있는 총 영상 재생시간을 확인하고 나면 그 시간만큼 확보될 '쉼'에 안도했다. 유튜버 입짧은햇님이 분명 오늘 생방송에서 초밥을 먹겠다고 예고해서 시간 맞춰 들어갔더니 막상 육개장 컵라면을 두 개째 먹고 있는 걸 보면서는, 인생에서 예상치 못한 일이란 이 정도여야 하는 게 아닌가 생각했다.

오늘도 누군가는 맛있는 음식을 먹었고, 예상치 못한 순간에 나도 잠깐 픽 웃었으며, 어김없이 그 방송은 끝이 난다는 것이, 그렇게 질서가 구축된 평범하고 즐거운 어떤 세계를 훔쳐볼 수 있다는 게 든든했다. 그러고 있으면 나는 또 시간을 버는 기분이었다. 결국 언젠가는 내가 마주해야 할 어지러운 세계를 들여다보고 이해하고 기꺼이 받아들이게 될 그때까지의 시간을 차곡차곡 모으고 있는 것 같았다.

카페 소파에 기대 거의 눕다시피 한 남편 위에
명준이가 같은 자세로 누워 있다. 이제 보니 아이의 티셔츠에
'Think positive'라고 적혀 있다. 누가 내 마음을 읽었나?

멈추지 않고
계속되는 것들을 찾아라

MBC 〈나 혼자 산다〉에 누군가 출연한 것을 보고 '아, 저 사람이 요즘 저렇게 사나 보네' 했는데, 그다음 주에 또 다른 누군가가 방송에 나오면 '어머, 저 사람도 살아 있었네' 했다. KBS 클래식FM 〈세상의 모든 음악〉에서 하루의 방송을 끝내며 "고맙습니다" 인사하고 사라진 디제이가 이튿날 또 나타나 누군가의 신청곡을 막 소개하려는 참일 때, 나는 그럴 때 안도했다.

해가 뜨고 지는 것만으로도 삶이 계속된다는 이치를 깨달았으면 편하고 좋았으련만 내게는 잘 와닿지 않았다. 나는 역시 직접 돌아다니며 그 증거를 확인하느라 고생을 해야 하는 사람인 모양이었다. 그래서 틈만 나면 동네 시장을 돌아다녔는데 그러면서 알게 된 것들이 있었다.

누군가 과일 가게에서 5개 오천 원 하던 참외를 (어쩐 일인지 내가 그 근처에 가자마자) 6개 오천 원이라는 갑작스런 가격 인하 소식을 극적으로 외치고 있었다. 동시에 "네, 감사합니다. 맛있게 드세요"라고 말하며 누군가에게 참외 한 봉지를 건네고, 그러고는 또 금방 "아, 그건 7개 만 원. 이건 4개 오천 원. 근데 7개짜리 8개 드릴게. 그게 더 좋아요"

와 같은 말로 지나가던 사람을 한순간에 단골로 만들어버리고 있었다. 나는 그걸 구경하는 게 좋았고, 그렇게 가만히 서 있다 보면 어느새 손목에 검은 봉지 하나 걸치고 있었다.

반면 어떤 곳은 꼭 필요한 최소한의 말만 오갈 뿐 사는 쪽과 파는 쪽 모두가 아주 조용한 시간을 견딜 줄 아는 곳도 있었다. 국화빵 가게가 그랬다. 밀가루 반죽이 익은 정도를 오직 눈으로만 완벽히 파악하고, 이 사람이 삼천 원어치 주문했는지 천 원어치 주문했는지 순간적으로 암기하는 동시에(심지어 네다섯 명의 주문을 한 번에 받는데도), 이쯤에서 뒤집어야 할 국화빵들은 과감하게 뒤집고, 아주 빠르게 편 친 종이봉투에 주문 내역 재차 확인하는 일 없이 개수에 맞게 딱딱 담아 건네는 그 노련함. 돈을 받고 거스름돈을 내미는 그때 유일하게 고개를 드는 그녀. 그러나 그 짧은 순간에도 손님들 선 줄이 혹시 옆 가게 출입구를 막고 있지는 않은지 수시로 살피며 대기줄을 정리하기까지 했다.

나는 그들이(다른 한 분은 기계 안쪽에서 네 개나 되는 국화빵 틀에 반죽을 붓고 속을 채우는 것을 전담하시는 듯했다) 커다란 방수천으로 국화빵 기계를 덮어두는 것으로 '오늘은 휴무입니다' 공표하는 날이면, 모처럼 일하지 않고 어디선가 누워 쉬고 있을 그들의 모습을 떠올리곤 했다. 그렇게 방수천으로 덮여 하루 꼬박 쉬고 나면 내일 다시 하루 종일 달

9개월 만의 그럴듯한 첫 외출.
이날을 떠올리면, 9개월간 집에서 하루 종일 울며 힘들어한 아이를
다시 집 밖으로 데리고 나온 날이라고만 생각했다.
그런데 오랜만에 이 사진을 다시 보니, 그날 세상 밖으로 나온 건
나였다는 생각이 든다. 아이는 유아차에 잠시도 앉아 있지 못했다.
온몸에 힘을 주며 불편한 소리를 내면 주변에 있던 어른과 아이들
모두 우리를 쳐다보았다. 나는 그 시선들을 모두 다 느끼면서
내 아이를 바라보았다. 아이를 안고 있는 남편을 바라보았다.
깊숙한 곳에서 내 오랜 저울질이 마침내 끝나고,
모든 것을 있는 그대로 바라보면 그뿐이라는 생각이 어렴풋이 들었다.

귀질 국화빵 기계 곁을 지나며, 나는 어딘가에서 지속되고 있을 누군가의 삶을 떠올렸다.

그러고 있으면 이상하게도 살아야 한다는 느낌이 강하게 들었다. 삶이란 고정된 틀이 있는 게 아니고, 그걸 두고 모양이 마음에 든다 안 든다 논할 일이 아니라는 것을. 형체를 매만지고 싶고 그걸 어떻게든 해보려던 내 마음을 이제 그만 달래고, 완전히 새롭게 살지 않으면 안 될 것 같은 확신이 들었다.

냉장고에 바리스타 채워 넣는 걸 잊지 마

헝클어진 세계에 다시 부여하는 규칙

패턴 없이 무작위로 제시되는 사건 앞에서
무력하고 혼란스런 느낌을 가질 때,
우리는 거기에서 질서를 찾고 그렇게 함으로써
그에 대하여 통제가 가능하다는 기분을 갖게 된다.

어빈 얄롬,
《나는 사랑의 처형자가 되기 싫다》 13쪽

내 바깥세상의 항상성을 어느 정도 확인했다면(나 없이도 잘만 돌아가는 세상을 충분히 구경했다면) 이제는 내 안을 확인할 시간이다. 쉽게 말해 눈앞의 모빌을 쳐다보기만 하던 아이가 무심코 자신의 손가락을 입으로 가져가보는 것처럼. 그 손으로 자신의 엄지발가락도 다리도 잡아보고, 그러다 마침내 손을 뻗어 모빌을 잡아보려는 것처럼.

무엇이든 좋다. 나를 옭아매는 것이라면 무엇이든 괜찮다. 내 몸에 들어가는 음식의 양을 아주 적게 혹은 아주 많게 설정하고 그것을 지키려 노력하거나, 특정한 식품을(홍삼즙이나 비타민과 유산균, 아로니아 가루라든지 석류 콜라겐 젤리, 강황 가루나 칡즙 등 모두 해당) 하루 중 정해진 시간에 꼭 복용하고자 하는 것. 특정한 무엇을(음식, 날씨, 색상, 질감, 분위기, 소재, 식감, 촉감 등 모두 해당) 좋아하는 것보다 더 좋아하거나, 싫어하는 것보다 더 싫어하기로 마음먹으면서 삶의 통제력을 조금씩 회복해나가는 작전이다.

솔직히 이것이 건강한 삶으로 향하는 길이라고는 말 못하겠다. 그러나 이미 걷잡을 수 없이 무너지기 시작한 삶에 그것은 하나의 멈춤 신호가 되어줄 것이다.

이때 가장 중요한 건, 그 집착의 대상이 사람이어서는 안 된다는 규정이다. 그러면 안 좋다는 것이 아니라 안 된다. 불가다. 짜장면에 꼭 고춧가루를 뿌려 먹는다든지, 커피에는 꼭 헤이즐넛 시럽을 추가해서 마신다든지, 콩이 들어간 밥은 절대 먹지 않는다든지, 치즈 중에서도 체다는 먹지 않는다는 규칙은 괜찮다. 그것은 누군가를 다치게 하지 않고도 충분히 혼자서 해낼 수 있는 훈련이다.

그러나 그 대상이 사람이 되면, 훈련의 진행 과정 자체가 완전히 변한다. 이유는 상대의 반응에 훈련의 성공 여부가 달리기 때문이다. 누군가에게 인사했는데 상대가 그 인사를 반갑게 받아주거나 봐놓고는 못 본 척 지나갔을 때, 그 반응에 흔들렸다면. 커피 쿠폰을 하나 보냈는데 그 사람이 고맙다며 좋아하거나 이런 거 보내시면 부담스럽다고 대답하는 경우, 상대의 그 반응에 신경이 쓰였다면. 이미 자신의 권한을 상대에게 넘겨준 셈이 된다.

설사 자신의 뜻대로 상대가 잠시 휘둘려준다 해도(상대가 내가 준 호의를 더 크게 돌려줌으로써 '나의 힘'을 확인하게 되거나, 싸움을 걸지 않고는 견딜 수 없을 정도의 나의 무례한 태도에 고맙게도 시비를 딱 걸어주거나, 오히려 상대가 내게 잘 보이려 애쓰는 모습을 보여줌으로써 마침내 나의 통제력을 확인할 수 있게 되는 그런 상황), 이미 그것은 상대의 반응에 종속된 결과일 뿐 나의 '통제 훈련'이 될 수 없다. 그것은 차라리 '휘둘림 훈련'일 것이다.

이 활동의 목표는 단 하나. 헝클어진 세계에 다시 규칙

위루관을 갖고 있으니 영양분을 위루관으로 줄 수 있지만
기어이 아이 입으로 음식을 먹이고 싶은 나.
먹기 싫다는 아이에게 또 숟가락을 넣어보는 나.

을 부여하는 것이다. 언젠가는 그 모든 규칙에서 자유로워지는 것이 삶의 목표가 될지라도 지금 당장은.

내 몸 내 마음대로 움직이기

아이가 쓰러지고, 낮이고 밤이고 아이와 혼연일체가 되어 지내야 했던 시절. 아이와 떨어져 있을 수 있는 최대 시간은 딱 20분이었다. 그 시간이 지나면 언제 아이가 구토를 할지, 언제 갑자기 호흡이 멈춰 얼굴이 새까매질지 알 수 없었다. (내가 곁에 있다고 해서 뭐 별다른 수가 있는 건 아니었지만.)

이후 나는 누가 아이를 20분간 봐주겠다고 하면 즉시 작은 방으로 가 문 닫고 이어폰으로 음악을 크게 들으며 맨몸 운동을 시작했다. 이때 문을 닫는 것이 중요했다. 문을 꼭 닫아 내가 있는 공간에서만은 공기가 따로 놀아야 안정감과 해방감이 느껴졌다.

책장의 적당한 높이의 선반 하나를 잡고 다리 한쪽씩을 뒤로 옆으로 들다가 더 이상 버틸 수 없겠다 싶을 때 남은 시간을 확인하고 자세를 바꿨다. (굳이 이렇게까지 할 필요가 있나 스스로에게 물어볼 정도로 강도를 높여서) 그렇게 내 몸을 한동안 쥐어짜고 나면, 그 무아지경의 20분을 제외한 나머지 하루, 그러니까 23시간 40분의 내 몸을 마음대로 할 수 없다고 해도 괜찮겠다는 합의가 이뤄졌다.

그 많은 텔레비전 채널 중
나의 선택은?

대부분의 시간에 아이를 끌어안고 있어야 하는데 그러고 있어서는 딱히 할 수 있는 게 없어 나는 주로 TV를 봤다. 정확히는, 어떤 채널을 아주 잠깐 틀었다가 또 다른 채널로 넘기고, 그다음 채널 화면이 채 나오기도 전에 이미 화면 하단에서 프로그램명을 확인하고 오른손 엄지로 리모컨 버튼을 눌러 다음 채널로 돌리는 동작의 연속.

어딘가에서는 이렇게나 많은 프로그램들이 만들어지고 있었다. 그들이 지난 방송의 저조한 시청률을 한탄하거나 녹화 때 있었던 왠지 꺼림칙했던 어느 장면을 떠올리다가 돌연 "점심 뭐 드실까요" "돈까스나 드시러 가시죠"와 같은 말을 내뱉고 있으리라는 생각이 들면 나는 소외감을 느끼곤 했다. 왠지 그들은 나와는 다른 세계에 있다는 생각에 고작 TV를 보면서도 엉뚱하게 그런 생각이 들었다.

아이가 서 있는 감각을 잃을까 봐
기어이 또 아이 발등에 내 발을 올리고 눌러 아이를 바닥에 세워본다.

그래도 그러고 있으면 시간이 잘 갔다. 특히 홈쇼핑 방송은 아주 재밌는 속성이 있어 즐겨보았다. 지금 이 물건을 사면 당신이 얻게 될 이득을 나열하는 것에 그치지 않고, 이 물건을 지금 사지 않을 시(그들은 '이 기회를 절대 놓치지 마라'는 의미가 담긴 표현을 자주 사용했다) 오늘 오후나 내일 오전쯤 당신의 머릿속을 가득 채우고 있을 후회와 미련을 넘은 어떤 상실과 패배감에 대한 묘사도 서슴지 않았다. 반면 지금 이 물건을 선택한다면 당신은 남들 눈에 어떻게 보일 것이며, 스스로 어떤 상태에 이르게 될 것인지에 대해 예시를 통해 확실하게 설명했다. 그렇게 인정욕구 미충족자를 포함한 광범위한 애정결핍자들을 자극하고 있는 그들이, 그런데 TV 전 채널을 한 바퀴 돌고 오면 이번에는 다른 물건을 앞에 두고 아까와 비슷하게 말하고 있는 것을 흥미롭게 구경했다.

지금 당장 이 운동을 하지 않았다가는, 오늘부터 당장 이 식재료를 먹기 시작하지 않았다가는, 혹은 이 건강식품을 '당신만' 섭취하지 않았다가는 무병장수, 면역력 절대 강자가 될 기회를 '영영' 놓치고 말 거라는 메시지로 사람들에게 손해와 공포의 심리를 자극하는 다양한 형태의 방송들이 채널의 반 이상이었다. 이것이야말로 현시점에서 가장 중대한 사안이라는 듯 급박한 어조와 눈빛, 나는 특히 그 눈빛이

가장 코믹한 부분이라고 생각하며 시청했다. 당장 이 방송에 주목하지 않으면 당신은 머지않아 크게 후회하게 될 거라는 어떤 묵직한 암시적인 태도로(당신이 후회하게 된다면 그건 제게도 너무 유감이라는 듯 말하고 있지만 어딘지 모르게 얄미운) 카메라를 응시하며 정말 아무것도 아닌 내용을 발설하고 있을 땐, 아 이건 정말 너무 시간 낭비야, 하며 채널을 급히 돌리고 싶다. 하지만 아이가 팔에 안긴 채로 잠들어 어쩔 수 없이 그 화면 계속 보고 있노라면, 사건을 만들지 않고서는 (시청률 압박에) 견딜 수 없는 저 방송가의 생리란 또 얼마나 처참한가 싶었다. 그러다가 채널을 돌릴 때면 화면에 아주 잠깐씩 비치는 아이를 안고 있는 내 모습에, 지금 누가 누굴 처참하다 하는가 했다.

그럼에도 300번이 넘어가는 그 채널들 중 그나마 내 구미에 맞는 하나의 채널을 심사숙고하여 고르고 나면, 그렇게 선택된 채널은 잠시나마 나를 위한 안정제로 수고해주었다. 저 한심한 사람을 보라며 구시렁거리며 혼자 비판하고 있는 순간에도, 그 한심한 사람은 나를 잠시 내 현실에서 빼내주었다. 그러다 또 내 마음 이상해질라치면, 리모컨을 움켜쥐고 그 길고 긴 채널 여행을 다시 시작하는 것이다.

냉장고에 바리스타 채워 넣는 걸
잊지 마

당시 우리 집 냉장고에 쟁여두었던 편의점 커피는 중대한 역할을 수행하고 있었다. 먼저, 스트레스가 어느 지점을 막 통과한 것 같다? 이제 여기서 조금만 더 올라가면 무슨 일이 나도 나겠다? 싶은 그런 때 나는 냉장고를 열어 바리스타부터 찾았다. (오랜 시행착오 끝에 선택된 커피는 매일유업의 바리스타.)

느낌이 온다 싶으면, 일단 냉장고에서 바리스타 하나 꺼내 한 모금 쭉 빨고, 바로 이어서 또 한 모금 쭉 빨아당기면 터지기 직전처럼 부풀어 오르던 바람이 또 조금 빠져나갔다. 그렇게 내 위벽이 차갑고 달콤하게 적셔질 때까지 차분히 기다리면, 아이가 밉지 않았다.

그 커피는 우리 집 냉장고에 없을 때도 어떤 역할을 해주었다. 진짜 원인을 파헤치기라도 했다가는 사달이 날 나의 신경질적인 순간에 무려 그 신경질받이가 되어준 것이다. 왜 집에 내가 좋아하는 커피 하나 쟁여놓는 것조차 마음대로 되지 않느냐며 냉장고 문을 쾅 닫는 퍼포먼스 한 번이면, 그거로 또 어느 정도는 마음이 가라앉았다. 그 작은 커피 하나가 그때의 나를 지키고 내 아이를 지켰으며, 이 가정을 지켰다. (과장이 아니다.)

남편이 회식하고 들어온다고 할 때도 그 커피는 자기 역할을 톡톡히 해냈다. 하루 종일 힘주고 있는 애만 붙들고 하루를 다 보낸 나와는 달리, 비록 그것이 업무의 연장이더라도 왁자지껄한 식당 안 어느 자리 하나 차지하고 앉아 잘 구워진 삼겹살 한 점에 뒤이어 넘기는 소주 한 모금. 그때 인생이란 얼마나 고단한 것이냐고, 내 속은 아무도 모를 거라며 쓰디쓴 표정으로 불판 위 삼겹살을 바라보다가 '바로 지금이야' 하고 재빨리 불판 위로 가져가고 있을 젓가락. 나는 남편이 부러웠다.

그럴 때면 남편에게 집에 올 때 바리스타 좀 사오라고 부탁했다. 그렇게 삼겹살 냄새 풍기며 집에 들어온 남편이 검은 봉지에서 주섬주섬 커피를 꺼내는 모습을 보고 있으면, 내 안의 어떤 마음이 또 달래지곤 했다.

커피는 다른 무엇으로도 대체될 수 있었다. (사람만 아니면 된다.) 이를테면, 특정 브랜드의 신제품이 나오는 것을 기다리거나 그 브랜드의 정기 세일 날짜를 알아보는 데 들이는 시간과 정성. 좋아하는 작가의 책을 연달아 읽거나 그 작가의 인터뷰 찾아보기. 좋아하는 뮤지션의 새로운 앨범을 기다리고 이전의 음악이나 동영상을 자기 전에 챙겨보기. 내게 영감이나 마음의 안식을 줄 거라 확신하는 어떤 장소

나는 아이가 빡치게 만들 때면
커피를 사 마시거나 집에 쟁여둔 바리스타를 마셨는데,
그럴 때 아이 머리에 커피를 올려두고 마시면
이상하게 기분이 나아지곤 했다.

(나라, 도시, 식당, 탁구장, 수영장, 서점, 카페, 공원 등)에 대한 동경이나 그 장소를 방문할 계획 세우기 등등.

내 입안으로 들어오는 음식들에 대한 신념, 몸에 걸치거나 지니는 것들에 투영하는 의미, 그것들에 시간과 돈과 집중력을 쏟으며 얻는 만족 같은 모든 게 그때의 그 냉장고 속 커피가 될 수 있었다.

아이와 상관없는 세계 만들기

나를 사람들 속으로 들어가게 하는 법

자아방어기제는 자아가 불안에 의해 압도되는 상황이
오지 않도록 예방하여 불안을 잘 대처할 수 있도록 도와준다.
자아방어기제는 개인으로 하여금 현실을
회피할 수 있도록 도와주는 측면이 있는데, 이것이
생활양식으로 굳어지지만 않는다면 병리적이라기보다는
적응적 가치가 있는 정상적인 행동이다.

제럴드 코리,
《심리상담과 치료의 이론과 실제》 74쪽

드라마를 보면 방구석에서 나오지도 않고 울고만 있는 주인공에게 친구가 찾아와 뭐라고 하던가. 아마 "여기서 일단 나가자"일 것이다.

많은 경우 A에서 빠져나오는 가장 빠른 방법은, A를 하지 않을 방법을 고민하거나 A를 하지 않기 위해 노력하는 것이 아니라, B를 시작하는 것이다. 잠시 조명이 꺼지고 완전히 다른 배경으로 바뀌는 뮤지컬 공연에서처럼, 나는 그렇게 내 하루를 자꾸만 환기하며 살아보기로 마음먹었다.

클라리넷 학원에 등록하다

제1 사건이 발생한 뒤 1년쯤 지났을 때, 나는 악기 하나를 완전히 새로 배워보기로 했다. 꼭 배우고 싶은 악기가 있었던 건 아니지만 뭔가 내 숨을 불어넣어 소리 내고 싶었다(학창 시절에 불던 리코더나 단소처럼). 마지막까지 플루트, 오보에, 클라리넷 중에서 고민하다가 음색이 가장 꾸밈없고 담백하게 들리는 클라리넷을 선택하고는 동네 음악학원에 등록했다.

그 학원은 동네에서 역사가 깊은지 상담을 하는데 원장님 부부의 자부심이 대단했다. 그들은 여기에서 피아노를 배운 아이가 이제 엄마가 되어 딸을 데리고 와 피아노를 배우게 한다며, 세월이 증명하는 명성에 어깨를 꼿꼿이 펴고 계셨다. 마음에 들었다.

학원 건물에는 엘리베이터가 없어 계단을 이용해야 했는데, 위층으로 올라가는 계단에 커다랗게 '이번 달 승급자'라고 적힌 벽보가 붙어 있었다. 굵은 매직으로 적힌 글자를 읽어보니 피아노 체르니 100, 체르니 30, 바이올린 스즈키 2권, 스즈키 3권에 대부분의 승급자가 포진해 있는 가운데 아주 드물게 피아노 체르니 40이나 바이올린 스즈키 6권을 시작하게 된 아이들의 이름도 볼 수 있었다.

얼마나 기분 좋을까. 무려 스즈키 6권이다. 체르니 100번에 우르르 적힌 이름들 뒤로 유일하게 체르니 40번에 이름이 적힌 아이는 빳빳한 표지의 그 두꺼운 피아노 악보를 펼칠 생각에 얼마나 막막하고 신났을까. 여기 이 이름이 바로 내 이름이라며 얼마나 자랑하고 싶었을까.

바이올린 소리와 이따금 들리는 첼로 소리를 들으며 3층을 지나면 드디어 4층이다. 4층 문을 열고 들어가 신발장에서 슬리퍼를 꺼내 신고 있으면 어쩐 일인지 항상 똑같은 분들이(평균연령 대략 75세로 추정되는 삼인조 색소폰 수강생, 음악학원 원장님으로 구성) 로비에 앉아 나를 맞아주셨다.

그 색소폰 수강팀은(거의 팀으로 보이는 수준) 학원에 거의 출근하듯 오시는 것 같았다. 그분들은 항상 로비에 앉아 계셨는데, 한 분이 안 보인다 싶으면 연습실 한 칸에서 색소폰 소리가 들려오거나 원장님이 원장실에 계시거나 했다. 보아하니 때가 되면 같이 식사도 하고 한 번씩 밤에 술 한잔도 하며 가깝게 어울리시는 모양이었는데, 내 눈에는 '은퇴 후 낮 시간을 보내는 완벽한 방법'이란 제목으로 유튜브를 해도 괜찮을 것 같았다. 그들에게는 평생을 성실하게 살다가 이제야 한숨 돌리는 사람의 냄새가 났다.

학원 로비 테이블에 악기 가방을 펼치고 입술 사이에 리드를 물고 있으면 말을 안 해도 되니 묵비권을 행사하듯 마음이 편했다. 악기를 조립하고 있으면 그들은 아주 드물게 내게 직접 말을 건네기도 했는데, 그 주제는 오직 나의 소리였다.

레슨을 받고 나오는 나에게 자못 진지한 표정과 눈빛으로 "소리 많이 좋아졌어" 혹은 "소리가 처음이랑은 완전히 달라" 하며 누군가 운을 떼면 그 옆의 누군가가 또 "정말이야, 우리가 소리는 못 내도 듣는 귀는 좋아" 하는 식이었다. "젊으니까 확실히 느는 게 빠르네, 나도 십 년만 일찍 시작했어도"와 같이 자신의 인생에 대한 아쉬움을 섞어 내보내기도 하던 그 웅성거림이, 누가 누구를 위해 꺼낸 말이었는지는 몰라도 싫지 않았다.

아이를 재활치료실에 데려가 '이 아이가 현재 할 수 있는 것과 아직 못하는 것들'에 대한 설명을 들으며 곤란하고 난처했던 내 마음을 들여다보기보다는, 재활이 필요한 아이의 부모라면 지어 마땅할 듯한 어떤 결의에 찬 표정으로 남들 눈에 내가 어떤 엄마로 보일지를 의식했다. 내 아이에게 어떤 자극을 주는 치료를 하고 있는지 설명하는 치료사 앞에서 허리 낮춰 귀 기울이면서도 순전히 운이 좋아 사지 멀쩡하게 태어나 제맘대로 몸을 움직일 줄 아는 나는 몸둘 바를 몰랐다.

너무 무서웠지만 어디에도 숨지 못했고, 이 아이를 위해서라면 뭐든 다 할 준비가 되어 있어야 한다는 의무감에 내내 긴장했던 나는, 아마도 본인들 심심해 말 걸었을 그 할아버지들 사이에서 학원 2층에서 피아노를 퉁탕거리고 있을 여덟 살 아이처럼 모든 것에서 자유로웠다.

예상치 못한 모양으로만 펼쳐지고 있는 현실에 당황하다가도 피아노 소리가 새어 나오는 그 오래된 건물로 들어서기만 하면, 내 안에서는 빠르게 균형 맞추기 작업이 시작되었다. 정해진 규칙에 따라서 읽기만 하면 정확히 읽어낼 수 있는 악보가 내 앞에 있고, 그 악보 속에 약속된 언어가 있고, 그 약속된 운지법에 따라 손가락을 움직이면 예상했던 바로 그 음이 들렸다. 그 상식적이고도 정상적인 세계가

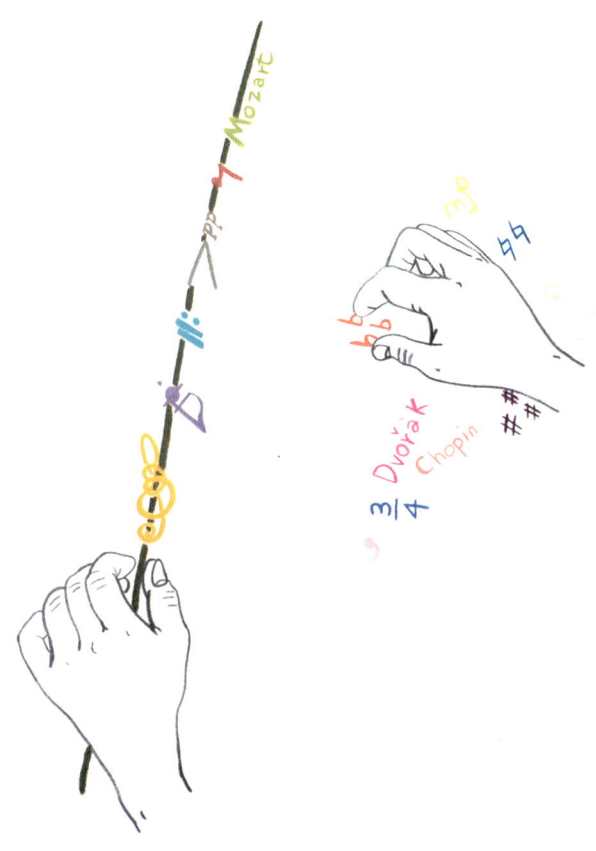

음표 하나하나 눈으로 읽고 손으로 짚으면서
보이지 않고 만질 수 없는 세계 안으로 발을 딛는다.

나를 잠시 '이상한 나라'에서 꺼내주었다.

수영을 배우다 1

　제2 사건이 발생하고 1년이 다 되어갈 즈음, 몸에(정확히는 정신에) 이상 현상이 일기 시작했다. 그러니까 나는 분명 오늘을 살고 있는데도 1년 전 어쩌면 아이를 이렇게까지 만들지 않았을 수도 있는, 말하자면 골든 타임 속에서도 어떤 시간을 살아내야만 했다.

　날씨란 홀로그램의 속성을 갖고 있는 모양이었다. 곧 정말 추워지겠다고 잠깐 생각했을 뿐인데, 그 똑같은 날씨를 느꼈던 작년 이맘때 무려 광화문 아트홀(아이가 당시 다니고 있던 특수 영유아 학교에서 학예회를 그곳에서 진행했다) 무대 위를 걸어 나오고 있던 내 아이의 모습을 숨죽이고 바라보던 나로도 살아내야 했다. 아직은 추억이 아닌 기억에 괴로워 눈을 감으면, 어쩌면 그때가 아이를 지킬 수 있었던 마지막 기회였다는 생각에 눈을 부릅떴다.

　끝내 아주 확실한 원인을 찾아내지 못하고 급성 뇌염이 의심되는 원인불명의 뇌손상 진단을 받은 아이는, 분명 그날 응급실에 들어가던 순간까지만 해도 내 볼을 꼬집는 장난을 쳤다. 응급실에 가기 사흘 전부터 아이가 구토를 하고 밥을 못 먹고 잠을 못 잤기에 장염이나 어쩌면 션트의 문제라고 생각했던 나는 이런저런 검사를 해달라고 했는데, 그러는 동안 극도의 스트레스를 받은 아이가 결국 대발작을 해버린 거라고 상황을 이해했다.

결국엔 일어났을 일이라고, 그것은 운명이었지 나 때문이 아니라고 아무리 생각해보려 해도 내 마음속에서는 이미 나를 아이를 그렇게 만든 장본인이라 믿고 있었다. 그렇게 아이 앞에서 나는 살 수도 죽을 수도 없는 사람이 된 지 꼬박 1년이었다.

수영 강습을 등록한 건, 아이의 신경과 약을 타기 위해 병원 진료 대기실에 혼자 앉아 있을 때였다. 저 작은 양말 안에 그보다 더 작은 발이 정말로 들어 있다는 건가, 믿기지 않을 정도의 신생아를 품에 안고 신경과 진료실로 들어가고 있는 부모를 뒤에서 보고 있자니 옛날 생각이 났다.

거기 있는 대부분이 나보다 어린 여자와 남자, 혹은 그 남녀 중 한 사람의 부모로 추정되는 아줌마와 아저씨였다. 자신들이 대학병원에서 아이 신경과 진료를 보기 위해 대기하고 있을 줄은 상상도 못했을 이들의 몹시 노력하는 모습. 그 어색한 말과 행동이 그곳에 있었다.

이 병원의 신생아 집중치료실을 졸업한 내 아이도 퇴원

과 동시에 각 진료과로 배정됐었다. 경기를 자주 일으키지는 않았지만 '내 아이는 언제 경기할지 모른다' '내 아이는 언제 경기해도 이상하지 않을 아이'라는 생각에 이런 진료 하나를 볼 때도 나는 남편이 휴가를 낼 수 있길 바랐고, 그게 안 되면 부모님 중 한 분을 꼭 모시고 갔다. 그 시간을 혼자 겪는 것만은 어떻게든 피하고 싶었다.

왜 그랬을까. 그때 내가 혼자 감당하기 버겁다 느꼈던 것의 정체는 뭐였을까. 아이가 이렇게 신경과를 들락거려야 하는 것이 결국은 나 때문이라는 자책감을 자꾸 상기시키는 이 병원이 불편했던 걸까. 아니면 여기서 아이가 더 나빠질까 무서웠던 걸까.

그리고 이제 어떤 것도 별로 무서울 게 없다는 듯 고요히 그 대기실에 홀로 앉아 있는 나를 알아챈 순간, 가장 커다란 것은 이미 잃어버렸음을 깨달았다. 그날, 나는 나대로 살아봐야 하지 않겠나 하는 아주 본능적이고도 자연스러운 생각이 들었다. 그것은 아이를 떠나겠다거나 방치하겠다거나 혹은 아이를 위해 완전한 희생 모드로 전환하여 이 한 몸 아이를 위해 갈아 넣어보겠다는 결심 같은 게 아니었다.

아이의 모든 것을 통제하려 아이를 관찰하고 들여다보며 몸을 재빨리 움직여대던 지난 시간들이 모두 나의 모성애일 거라 확신했지만, 실은 그러고 있는 나 자신을 사랑했던 지독한 자기애에 불과할 수도 있겠다는 의심이 떠올랐다. '이렇게 장애가 있는 아이를 이토록 잘 키워낸 어머니'를 내 인생의 콘셉트로 잡고 그것을 향해 달려왔던 건 아닐까. 아이를 통해 나의 인격과 나의 사랑을, 나의 그릇과 나의 인생을 증명해내려던 것이 아니라고 완전히 부정할 수가 없어서, 그리고 아마 그게 맞을 것 같아서, 슬프고 비참했다.

수영은 재미있었다. 마치 평범한 하루를 보내다가 잠깐 운동하러 온 사람처럼 물속에 들어가 강사의 호루라기 소리에 맞춰 체조를 따라 하고 있으면, 지난밤 차라리 같이 죽자며 아이를 붙들고 울었던 내가 정말 나였을까 싶었다.

분명 수영장 밖에서는 이렇게 살아서 뭐 하나, 이렇게 살아 있는다고 뭐가 나아질까 하던 내가 수영장에만 들어가면 달라졌다. 킥보드에 체중 싣고 엉덩이와 다리를 수면 위로 띄우고는, 마치 발이 바닥에 닿았다가는 사형에 처해지기라도 하는 듯 열심히 떠 있느라 우습게 몸을 뒤뚱거렸다. 자유형을 하며 잠시 물 밖으로 고개를 빼꼼 내밀고 숨을 들이마시면 다시 내 몸 안에 숨 한 움큼 집어넣을 수 있다는 사실에 절로 겸손해졌다.

탈의실에서 수영복으로 갈아입고 있으면 이전 타임에 아쿠아로빅을 하고 나온 할머니들이 앞뒤를 찬찬히 확인해가며 옷을 입고 있었다. 할머니들은 조금 전 물속에서 둥실

거려서인지 누구 하나 서두르지도 날카롭지도 않아 보였다. 그들은 "아니 왜 엉덩이를 내 쪽으로 쭉~ 미는겨?" 하는 누군가의 말 한마디에도 오래도록 깔깔 웃었다. 무슨 말을 해도 웃거나 그 말을 이어받으며 얼마든지 몇 마디씩 더 주고받는 식으로 말의 불씨를 살렸다. 그들은 마음을 종일 일렁이게 하는 어떤 것, 가급적 후회 없는 의사결정을 내려야 하는 긴급한 일이란 어차피 세상에 없다는 듯 그저 집에서 싸온 고구마나 강정을 느긋하게 나눠 먹었다.

수영장에 좀 일찍 도착해 그들이 아쿠아로빅 강습을 받는 모습을 구경하고 있노라면 눈을 뗄 수 없었다. 누가 봐도 결코 물의 저항을 줄이기 위한 기능성 수모라고 말하기 어려운 예쁜 꽃 장식 모자를 단체로 맞춰 쓰고 겨드랑이 사이로 끼운 기다란 봉에 기댄 그들은, 내 아주 어릴 적 사진에서나 보았던 무표정한 얼굴을 하고 있었다. 그 어떤 표정을 선택할 생각도 그럴 필요도 없는 얼굴로 수영장 바닥에서 두 발을 둥둥 띄우고 있는 모습이 꼭 양수 속에 떠 있는 태아들 같았다.

나는 그들이 부러웠다. 눈이 오는 날이면 "비는 뒤끝이 없는데 눈은 뒤끝이 있어. 아주 이쁘게 내려서는 사람 넘어지게 만들잖아"와 같은 시적 표현을 툭 내뱉는 누군가. 뒤에 지금 내 말을 듣고 있는 이가 있는지 없는지는 상관없다는

숨.

듯 무엇도 의식하지 않는 그 나무 같은 모습. 말이란 결국 본인 좋자고 하는 것임을 알기에, 그래서 나 좋자고 내뱉는 말에 청중의 유무와 그들의 반응까지 기대하는 모순은 범하지 않는다는 것을 증명하듯 애쓰지 않는 눈빛. 본인이 알기를 원했든 아니든 나는 너의 무엇이 아닌 나일 뿐이고, 너는 나의 무엇이 아닌 너일 뿐이라는 것을 다 알아버린 사람의 그 둥글둥글한 어깨.

음악에 맞춰 최대한 동작을 크게 만들어 열정적으로 시범을 보이고 있는 내 또래 강사의 동작과 지금 강사의 동작을 따라 하고 있는 거라고는 믿기 어려운 할머니들의 각기 다른 몸짓을 구경하고 있으면, 나도 빨리 저렇게 늙어 있고 싶었다.

수영을 배우다 2

수영을 배우면서 어떻게 하면 코에 물이 들어오지 않을지보다 더 신경 썼던 건 수영장에서의 내 표정이었다. 누구라도 내게 그 무엇도 물어볼 수 없도록 표정의 기본값을 무표정보다 약간 더 어둡게 설정하고 다니는 게 당시 내 목표였다. 행여 누군가와 눈이 마주쳐 눈인사나 목례를 하게 되더라도 그 이상의 끌어당김은(가령, 내게 다가와 수영한 지는 얼마나 됐냐고 묻기 시작하다가 근데 결혼은 했느냐 애는 있느냐 물어보는 일) 절대 없도록 나 자신을 철저하게 감시했다.

누구에게라도 내가 왠지 가까워지고 싶다거나 말 한번 걸어보고 싶은 사람으로 보여선 곤란했다. 이곳은 평일 오후 3시 주부 수영반. 자칫 예전 내 모습처럼 사람 좋게 웃어버렸다가는, 결혼 질문을 나이 질문보다 먼저 받는 곳이었다. 누군가 내게 불쑥 결혼했냐고 묻기라도 한다면 나는 거짓말은 못하는 성격이니 했다고 할 것이다. 상대가 옳다구나 우리 이제 대화 좀 해보자 싶어서 "그럼 아이는?" 하고 물으면, 거기에 또 있다고 할 것이다. 이어서 애가 몇 살이냐고 물을 것이고 그에 대답하면, 아이가 어느 유치원에 다니느냐고 물을 것이다. 성격상 대충 집 근처 유치원 다닌다고 둘러대지 못하고, 필시 나는 수경을 수모 위로 턱 얹은 다음, 아이에게 장애가 있어 종로구 사직동에 있는 장애영유아 특수학교에 다닌다고 또박또박 말할 것이다.

좋다, 그럴 수 있다. 그런데 그 대화의 어떤 부분이 나를 두렵게 만드는가. 따지고 보면 그저 사실을 말하는 것뿐이고 그것은 현재 내 상황에 대한 설명일 뿐이거늘, 나는 왜 내 수영 자세보다 '그것만은 피하고 싶다'는 생각에 몰두했을까.

수모 벗고 밖에서 마주치면 얼굴도 모를 누군가에게 고백한 나의 사연은 순식간에 사람들 사이에 퍼질 것이다. "아니 누가? 누구 애가 아프다고?" "아, 그 얼굴 동그란 이?" 셔틀버스 기다리는 중에 별안간 등장한 자극적인 주제에 다들 반색하며 이제 막 껍질 다 깐 고구마를 천천히 입에 넣고 있는 그들의 모습은 정말이지 연출하고 싶지 않았다.

어쨌든 동정은 싫다는 건가. 속속들이 남의 사정 잘 알지도 못하는 사람들이 상황만 보고 나의 불행의 정도를 짐작하고 내 삶의 무게를 가늠해보는 게 불쾌하고 싫었을까. 자존심이 상한 것일까. 나는 역시 나에게 일어난 일을 받아들이지 못한 것일까.

그런데 과연 받아들인다는 건 또 무슨 의미란 말인가. 잘 모르는 이에게 내 아이에게 장애가 있다고 말하면서도 상대가 어떻게 생각하는지 그 반응을 전혀 신경 쓰지 않을 수 있다면, 그건 받아들인 것일까. 나를 동정해도 상관없다는 마음이 '당신의 생각은 당신의 것'이라고 나와 타인을 분리할 줄 아는 건강함이라면. 그러니까 '당신이 나를 동정해도 그건 어쩔 수 없지요'라는 마음이라면. 나는 아직 안 될 것 같았다. 나는 아무렇지 않을 수 없을 거 같았다.

그렇게 한 석 달 지났을까. 방심한 틈에 사건은 순식간에 일어났다. 수영을 마치고 얼른 빠져나와 샤워하는 중에 같은 레인에서 수영하던 한 젊은 여자와 말을 주고받게 된 것이다. 대화가 몇 마디 더 이어질 수 있었던 건 그녀가 나를 아주 예의 차린 모습으로 훑거나 살피지 않았기 때문이다. 그녀는 오직 수영에 관해서만 말했다. 그녀는 자신의 동작과 나의 동작을 비교하며 이것저것 묻거나, 이러다 대화가 길어지면 '결국은 털릴까 봐' 서둘러 샤워실을 나가는 나에게 여유롭게 잘 가라고 손 흔들며 방긋 웃어주었다.

그러다 그녀는 내게 아이가 있다는 것을 알게 되었다. 샤워실에서 머리를 감으며 "아이가 너무 귀엽겠다"고 묻는데, 그 옆에서 내가 결국 고백해버린다.

"아이 예뻐요. 근데 아이한테 장애가 있어서 좀 힘들어요."

그런데 샴푸를 마저 헹궈내며 그녀는 이렇게 말했다.

"어? 내 동생도 큰 애가 장애가 있는데…… 대단하네요. 이렇게 수영도 하고. 수영도 잘하고!"

그러더니 활짝 웃으며 한마디 덧붙인다.

"Cheer up!"

수영장에 오기 전에는 영어 회화 학원에 다닌다던 그녀가 세상에나, 애한테 장애가 있다고 고백한 나에게 치얼업이라니. 치얼업이라니?

그때 그 짧은 영어 한마디가 어찌나 유쾌하고 고마웠는

지 한참 웃었다. 그때부터 이제 조금 편해져도 괜찮지 않을까 하는 생각이 들었다.

혼자만의 방을 구하다

"가장 신성한 일은 자기 방문을 닫을 수 있는 일이다." (G. K. 체스터턴, 《못생긴 것들에 대한 옹호》) 당시의 내 생각을 이렇게까지 정확히 표현한 문장은 없었다.

나에게 집은 내가 사는 곳이 아니라 아이를 돌보는 곳이었다. 그러다 급기야 집이 아이를 간호하는 곳으로 여겨진 다음부터는 자꾸만 직거래 부동산 카페에 들어가 '원룸'이나 '옥탑방'을 검색해 남들이 혼자 살고 있는 집을 구경하다 잠들었다.

개인적인 사정으로 급하게 집을 빼게 됐다는 누군가의 짐들이 저기서 다 사라지고 나면, 나는 저 창 아래 무엇을 두면 좋을까. 예쁜 천 두세 장과 램프 두어 개면 분위기는 확 바뀔 것이고, 커다란 책상 하나와 리클라이너 의자 하나만 둘 수 있다면 참 좋겠다 하면서.

한 달에 커피에 쓰는 돈을 감안하여 방을 구하는 비용으로 쓸 수 있을 '현실적인 금액'을 열심히 계산했다. 커피

값만으로는 도저히 예산이 안 나와서 한 달에 빵값에 들어가는 비용도 보태야 할 것 같았다.

예전과 완전히 달라진 아이를 바라보고 있으면 나는 오렌지를 자꾸만 야구공이라고 말하는 사람과 대화하는 기분이 들었다. 아무리 대화를 이어간다고 해도 끝내 내가 제풀에 지쳐 물러서는 것밖에는 답이 없다는 것을 대화의 시작부터 알아챘을 때의 그 막막함. 제아무리 고귀한 해석을 갖다 붙인다고 해도, 선택할 수 있었다면 절대 택하지 않았을 날들의 반복이었다.

이것이 꿈이라면 누가 이 긴 꿈을 좀 깨뜨려주길 바랐다. 식은땀 뻘뻘 흘리며 잠에서 깨어 어떻게 내가 이런 악몽을 꿨을까 하다가 어쨌든 그게 꿈이었음에 안도하며 거실로 나가 냉커피 한잔 마시고 싶었다. 그리고 커피를 손에 쥐고 조용한 거실 소파에 앉아 그 꿈의 의미를 열심히 검색하며 오늘 하루 내가 조심해야 할 게 뭔지 알아내고 싶었다.

그런데 만일 이것이 나의 현실이라면, 누가 나를 좀 죽여주거나 아니면 쟤를 죽여주거나 둘 중 하나 세상에서 없애주길 기도했다. 하루에도 몇 번씩 그런 생각뿐인 내게 필요한 건 혼자 있을 공간, 나 혼자만이 들어갈 수 있는 방이었다. 아무에게도 영향받지 않고 내가 누구여도 상관없는 곳.

그렇게 나는 집 근처 악기 연습실 한 곳을 다니기 시작

연습실 건물에 옥상이 있었다.
퇴근한 남편에게 아이를 맡기고 그 옥상에 잠시 올라가
커피 한잔 마시고 노트에 몇 자 글 끄적이고 나면,
다시 집으로 돌아갈 수 있었다.

했다. 월정액 이용자의 연습실 사용 규칙은 간단했다.

> 비어 있는 방에 들어가 있고 싶을 때,
> 있고 싶은 만큼 있을 것.
> 24시간 모두 그대에게 열려 있을 예정임.
> 비용은 한 달에 15만 원.

월 15만 원에 나만의 방이 생겼다. 나는 잠깐의 틈만 있어도 집을 나갔고, 곧장 그 연습실 작은 공간에 숨어들었다.

평일 오전, 연습실 방 하나에 자리 잡고 있으면 누군가 엄청난 실력으로 피아노를 연주하다가 갑자기 우쿨렐레를 한 20분쯤 연주하는 소리가 들렸다. 오전 9시에 가도 들리는 드럼 소리는 저녁 9시에 가도 들을 수 있었다.

저녁에 들리는 소리는 오전보다 훨씬 다채로웠다. 한 곡의 몇 소절만 반복해서 연습하는 아직 앳된 누군가의 음성. 실력이 뛰어나진 않지만 음악에 취한 열정만큼은 대단했던 누군가의 기타 연주. 키보드를 치며 잔잔하게 부르는 누군가의 노랫소리. 합주방에서 들려오는 제법 그럴듯한 하모니. 한 번씩 내 모든 동작을 멈추고 방음벽 너머로 훔쳐 듣게 했던 누군가의 현란한 바이올린 연주. 그런 소리들을 뒤로하며 신발을 신고 연습실을 나서던 시간.

아이와 떨어져 있기 위해 기를 쓰고 연습실로 도망쳤지만, 결국 아이와 떨어져 있는 그 잠깐의 시간이 나를 집으로 돌아가게 했다. 아이의 모습이 보이지 않고 아이의 울음소리가 들리지 않는 연습실에서 방음벽 너머 여러 소리를 한참 듣고 있으면, 고통스레 힘주며 끙끙대고 있는 내 아이를 다시 안고 달랠 수 있을 것 같았다.

마스터스 수영대회에 나가다

수영을 시작한 지 1년 반쯤 됐을 때, 마스터스 수영대회에 출전할 기회가 생겼다. 내 실력이 그럴만해서는 절대 아니고, 세상 대부분의 일이 그렇듯 순전히 좋은 사람들을 만났기 때문이다. 마침 자신이 가르치는 수강생들을 이끌고 대회에 꾸준히 참가하는 수영 강사를 만났고, 그 대회에 함께 나가자고 권해준 수영장 회원들이 있었다.

혼자 수영장만 왔다 갔다 했더라면 절대 도전해볼 용기도, 그게 과연 내가 해볼 수 있는 일이기는 할까 생각도 못했을 일이다. 하루 종일 돌봄이 필요한 아이를 집에 두고 과연 혼자 밖에 나가 수영대회에 참가하는 게 맞을까, 그래도 될까를 고민하다 과감하게 대회에 참가하기로 결정했다.

대회 출전을 준비하며 처음 만난 이들과 "이번에 종목 뭐 뭐 나가세요? 저는 자오십 평백(자유형 50m, 평영 100m)이요"라든가 "고개를 더 숙이고 뛰어보세요. 그럼 물안경 안 벗겨질 거예요" 같은 말을 주고받고 있으면, 너무 어색하고 신이 나서 그 순간이 비현실적으로 느껴졌다. 그러다가도 여기가 바로 내 현실이어야 했다는 생각이 들곤 했다.

하루는 나에게 아이가 있다는 것 정도만 알고 있는 언니와 둘이서만 걷게 되었다. 그게 좀 어색했는지 그녀가 내게 "아이가 일곱 살이면 한창 말 안 들을 땐데"라고 말을 걸어왔다. 정말로 내 아이가 얼마나 말을 안 듣는지가 궁금해서는 아니었을 것이다. 그저 애들 얘기나 하며 걸읍시다 정도의 마음이었을 텐데, 아이에 대해 거짓말은 하기 싫어서 "아이가 아파서 그렇지도 않아요"라고 대답했다.

그랬더니 다시 어디가 아프냐고 물었고('아이가 아프다'는 표현이 장애아 엄마들 사이에서만 '아이에게 장애가 있다'는 의미라는 것도 그때 알았다. 비장애아를 키우는 엄마들에게 아이가 아픈 건 감기나 독감, 폐렴 정도의 일일 테니까), 이번에도 또 거짓말은 하기 싫어 아이에게 장애가 있다고 말하고 말았다.

그런데 내 말을 들은 그녀의 반응이 의외였다. 그녀는 과장되게(자신이 괜한 질문을 해서 그 얘기까지 하게 만든 게 미안하다는 듯) 놀라지도 않았고, (그런 개인적인 사연을 안 친한 사람에게 이렇게 발설해버리면 어쩌냐는 듯) 난감한 표정도 짓지 않았다. 나와 내 아이가 너무 안쓰럽다거나, 상황이 너무 안타까워 무슨 말을 해야 할지 모르겠다거나, 그나저나 어느 정도의 장애가 있다는 건지 좀 더 얘기해줬으면 하는 호기심 이는 눈빛도 전혀 뿜지 않았다. 그녀는 이렇게 말했다.

"(한숨 한번 크게 쉬고) 진짜 사는 거 다 힘들다니까……"

이 말이 전부였다. 누군가 내 상황에 대해 그렇게 담백하게 말해줬다는 사실이, 바로 그 경험이 나를 계속 사람들 속에 들어가게 만들 것 같았다.

대회장은 활기와 화려함 그 자체였다. 특히 나는 대회 시작 전 워밍업 시간에 완전히 사로잡혔다. 대회가 시작되기 전 출전 선수들은 몸을 푸는 워밍업 시간을 가진다. 수영장마다 수심과 레인의 폭 등이 모두 다르기 때문에 경기에 앞서 그 수영장의 상황과 분위기를 그때 익히는 것이다. 대부분이 그 시간을 출발 연습을 하는 데 할애하고 있었다.

출발 연습은 지정된 몇 개의 레인에서만 할 수 있었는데, 그 덕에 장관이 연출되었다. 화려하고 과감한 수영복을 입은 선수들은 길게 줄을 서서는 자기 순서가 되면 별 지체 없이 빠르고 강하게 물속으로 뛰어들었다. 이번에는 기필코 날아오르겠다는 듯 그 높은 출발대에서 힘차게 튕겨나가는 이들도 있었다.

그때까지만 해도 나의 목표는 출발하며 물안경이 벗겨지지 않는 데 있었다. 주말에 몇 번이나 따로 시간을 내 연습하고 하루를 모두 들여 참가하고 있는 이 대회에서 목표라는 것이 고작 '망신은 당하지 말자' 수준인 것이 갑자기 초라하게 느껴졌다. 아니, 내게는 무려 이 대회 참가의 성공 여부를 결정짓는 그 출발을 저렇게 힘차고 자유롭고 지체 없이 누리고 있는 이들을 구경하고 있자니, 문득 이런 생각이 들었다.

출발은 말 그대로 시작일 뿐이고, 경기는 그때부터가 진짜 시작이다. 출발해서 물안경이 벗겨지지 않았다고 해도 나는 이제 경기를 막 시작했을 뿐, 아무것도 하지 않은 것이다.

그렇다면 나의 목표는 뭐였단 말인가. 어떻게 경기를 해나갈지가 아니라 그냥 시작해보는 체험만을 원했던 것일까? 나는 즐겁게 경기에 참가하기 위해 이곳에 왔는가. 아니면 출발하며 물안경이 벗겨져 끝내 경기를 망칠지 아닐지를 확인하기 위해 이곳에 왔는가.

질문은 이후 꽤 오랫동안 내 안에 머물렀다. 수영대회에 참가했던 내 마음가짐이, 가정을 이루고 아이를 키우며 살

내가 경기를 중도 포기하겠다고 해도
물속을 빠져나와야 하는 건 전적으로 내 몫이다.
스스로 물 밖으로 나오는 게 불가능하다는 판단이 내려지기 전까지는
나를 물 밖으로 꺼내줄 사람은 없는 것이다.
그럴 의무가 있는 이도 그럴 권리를 가진 이도 처음부터 없었던 건데,
그걸 깨닫는 데 오래 걸렸다.

아가고 있는 내 기본적인 시선(프레임)일지도 모른다는 생각이 들었기 때문이다.

앞으로 나아가며 무언가를 새롭게 체험하기보다는 언제나 최악은 피하자는 불안한 태도로 늘 안전하게 상황을 통제하고 사람을 통제하려던 나. 마치 내 안에는 지금 겨우 다 세워놓은 도미노 조각들이 있다는 듯, 그중 어느 하나라도 건드리면 다 무너지고 말 거라며 외부의 자극을 방어하고 몸과 마음을 사리는 것이 더 익숙하고 편했던 나.

그런 내가 이 높은 출발대에 서 있다. 내가 입고 있을 거라고는 예상 못한 수영복을 입고, 랜덤으로 부여받은 레인의 출발대에 똑바로 서 있다. 레디, 뻡! 출발음이 울렸다.

나는 뛰었고 일단 물안경은 벗겨지지 않았다.

그다음에는? 이제 너는 물속에서 어떻게 하고 싶은데?

자격증 시험을 준비하다

작년에 '직업상담사 2급' 자격증을 취득했다. 운이 좋아서 합격한 게 아니었다. 나는 요령도 없이 진짜 열심히 공부했다.

공부를 결심한 계기를 굳이 길게 말해보자면 '무료함과

초조함, 불안과 억울함을 왔다 갔다 하다가 그 마음을 달래기 위해 자작극을 벌이기에 이름' 정도가 되겠다. 대학원에서 상담심리를 공부했지만 학기 중에 아이를 낳았으니, 졸업만 하고 이후 상담 관련 경력은 전무한 상태. 그렇게 완전한 경단녀가 된 나는 이 현실이 버거울 때마다 어디 도망칠 곳 없나 두리번거렸다. 그때마다 채용 공고를 열심히 뒤져보지만, 대부분은 나인 투 식스 풀타임 일자리뿐.

나는 어떤 사람이었던가. 내게 의미 있고 보람 있는 일이 아니라면 도저히 일할 열정이 생기지 않는다며, 경제력과 신원이 보장되는 직장을 과감히 그만두고 청소년 진로 수업을 하겠다고 나선, '진로 대전환'을 몸소 실천했던 사람이다. 나는 누구였던가. 막상 중고등학교 현장에서 청소년들을 만났더니 그 아이들에게 더 해줄 수 있는 건 없을까 고민하다 대학원까지 진학했던 사람이다.

그런데 보라. 지금 내 모습이 어떤가. 그 일이 동기부여가 되는지, 열정이 생기는지, 보람이 있는지, 가치관에 부합하는지, 자기실현을 위한 연장선상에 있는지보다 훨씬 맞추기 힘든 조건이 바로 나인 투 식스 풀타임 근무 가능자 조건이었다.

이제 나는 시대의 흐름이, 우주의 어떤 기운이 하루에 대략 서너 시간 일할 수 있는 일자리가 많이 생기는 쪽으로 향하도록 바랄 수밖에 없는 처지에 놓이게 되었다. 그렇다면 지금 준비할 수 있는 것은 무엇일까. 그 운명의 때가 도래했을 때를 대비해 내가 할 수 있는 것. 지금 내 상황에서 시간과 장소 상관없이 준비할 수 있는 것. 자격증 시험 준비밖에 없었다.

많은 자격증 중에 직업상담사 2급을 선택했던 것은, 1년에 세 차례나 실시하는 시험이니 떨어지면 또 보면 된다는 심리적인 안정감도 있었지만, 1년에 세 번이나 있는 시험이니 어쩌면 그럭저럭 해볼 만한 공부가 아닐까 하는 자신감도 있어서였다. 무엇보다 한 번씩 뒤져보던 마음에 드는 채용 공고에 '직업상담사 2급 자격증 소지자'라는 지원 조건이 꽤 자주 적혀 있었기 때문이다.

하루 중 공부에 할애할 수 있는 시간을 만들어내는 것이 관건이었다. 당시 나는 지금처럼 장애인 활동 보조 서비스를 이용하지 않을 때라(서비스를 이용할 수 있는 대상자였지만 아이에 관한 것을 모두 내가 하겠다고 버티고 있었다) 아침에 아이가 일어나기 전 한 시간, 아이가 잠들고 난 뒤 한두 시간, 아이를 물리치료실에 보내거나 코로나로 몇 번 없는 학교 수업에 아이를 들여보내고 이삼십 분 동안에는 무조건 공부해야 했다.

그러니까 아이를 돌보는 시간을 제외한 거의 모든 시간

에 자격증 시험 준비를 한 것이나 마찬가진데, 그러고 있으면 '내가 다시는 이 짓 안 한다'고 다짐하면서도 4개월간 빈틈없이 공부해 2차 시험까지 한 번에 합격했다.

그때 내가 역시 '쫑'을 따는 건 기분 좋은 일이라는 사실보다 더 선명하게 알게 된 것은, 그 시험을 준비하는 4개월간 내가 어느 때보다 잘 지냈다는 것이다. 그렇다고 내 삶에 갑자기 생기와 활력이 넘쳤다거나, 고단하지만 대개는 괜찮은 기분으로 지냈다는 뜻은 아니다. 그러나 최소한 내 하루를 완전히 압도하고 말 불안과 억울함, 비통함 같은 것이 내 하루를 완전히 망쳐버리는 일은 막을 수 있었다. 기출문제집 한 권으로 말이다.

마음이 이상할 때마다 책을 펴, "300명 이상의 근로자를 사용하는 사업주는 기준고용률 이상의 고령자를 고용하도록 노력해야 한다.(반드시 고용해야 하는 것이 아님)"이라는 내용에 관련해 제조업은 상시 근로자 수의 100분의 2, 운수업과 부동산 및 임대업은 상시 근로자 수의 100분의 6, 기타 산업은 상시 근로자 수의 100분의 3이라는 내용을 외우고 있으면, 잠시 이 현실에서 벗어날 수 있는 티켓을 얻은 듯 해방감을 느꼈다.

자격증 시험 준비는 어쨌든 전보다는 덜 예민한 사람으로 나를 살게 했다. 예민하게 굴려면 일이 내 예상이나 기대

신촌 세브란스 재활병원 소아 물리치료실 복도에서 엄마와 아이.
일주일에 한 번 다시 재활치료를 다니기 시작하면서
한동안은 엄마와 함께 다녔다. 엄마는 아이를 안고 병원에 가는
동안에도 뒷좌석에서 아이에게 노래를 불러주며 손뼉을 치게 하고
자신의 손으로 눈코입을 만져보게 하고 머리를 쓰다듬게 하셨다.
그렇게 아이에게 열심인 모습이 왠지 보기 싫어
그냥 조용히 좀 가자고 해도 엄마는 들은 척도 하지 않으셨다.
치료를 마치고 엄마에게 아이를 맡기고 화장실을 다녀오니
그사이에 엄마는 또 아이에게 서 있기 훈련을 시키고 계신다.
아이의 몸통을 엄마의 두 무릎으로 단단히 고정하고
두 팔을 아이 겨드랑이에 끼워 자신의 온몸의 근육을 써
아이를 일으켜 세우고 계셨다.

와 다르게 돌아갈 때 조금씩 몰려오기 시작하는 섭섭함, 서러움, 속상함을 잘 뭉쳐서 커다란 억울함과 분노 등으로 몸집을 불려야 하는데, 내게는 그럴 여유가 없었다.

아침에 눈뜨면 시계를 확인함과 동시에 아이 아침을 먹이기까지 내게 주어진 시간을 빠르게 계산하며 책상에 앉아 책부터 폈다. 예전 같으면 남의 속도 모르고 오늘도 찾아온 아침에 멍하니 누운 채로 유튜브나 좀 봤을 시간에, 벌떡 일어나 머리 묶고 책을 펴서는 "사용자는 근로자가 퇴직한 경우에 그 지급 사유가 발생한 날부터 14일 이내에 퇴직금을 지급해야 한다"는 문장에서 14일에 동그라미를 반복해서 치며 중얼거렸다. 그러고 있으면 머리는 소란하고 마음은 편했다.

평소라면 커피 사올 시간도 주어지지 않는 내 처지를 한탄하며 물리치료 대기실에서 누가 카톡 보낸 거 없나 휴대전화를 보거나, 치료실에 온 다른 아이들 바라보며 그들 부모의 고단함이 짐작돼 한숨 쉬던 시간에, 이제 공부를 해야 했다. 대기실에서 고작 20분 앉아 있을 자리 하나를 고르는 데도 '마침내 내게 주어진 귀한 시간'이라는 보상심리를 가지고 까다롭게 굴던 내가, 눈에 띄는 빈자리 아무 데나 앉아 책부터 펴고 기출문제를 풀어댔다. 그러고 있으면 고개가 너무 아팠고, 정말 자유로웠다.

엄마는 마음이 이상할 때면 김밥을 싼다고 했다. 그 많은 재료들 하나씩 후라이팬에 볶고, 그것들을 한데 돌돌돌 싸서는 꽁다리 하나 잘라 입에 넣으면서, 그때 엄마는 무엇을 꾹꾹 누르며 삼켰을까.

 엄마는 김밥을 말았고, 나는 볼펜을 박박 그었다.

어딘가에는 말해야만 하는 진심

내가 비밀 하나 알려줄까

융의 선구자적 작업은 중년기와 관련이 있는
심리학적 변화에 가장 중점을 둔다. 그는 우리 인생의
첫 절반가량을 인도해온 행동과 가치의 많은 부분을
중년기에 내려놓고 우리의 무의식에 직면해야 한다고 주장했다.
이런 것들은 우리 꿈의 메시지에 주의를 기울이고
글을 쓰거나 그림을 그리는 것과 같은
창의적 활동에 참여함을 통해 가장 잘할 수 있다.

제럴드 코리,
《심리상담과 치료의 이론과 실제》 91쪽

어디 한 군데에는 내 마음을 그대로 드러내야 한다는 것은 본능적으로 알고 있었다. 이를테면 고해성사 같은 것. 어딘가에는 내 진짜 마음을 내뱉어야 한다고. 어딘가에는 날 것 그대로의 내 마음을 기록해야 한다고.

처음에는 휴대전화 노트 앱에 어떤 말들을 적어 내려갔다. 뭔가 글을 적으려고 작정한 것은 아니었고, 그렇게라도 하지 않으면 안 될 때 얼른 그 노트부터 열었다.

노트에 급히 적은 내용들이 정돈된 생각이었을 리는 없다. 아주 즉흥적이면서도 사실적이고 적나라한, 만일 그걸 모아 책으로 낸다면 제목으로 '원래는 세상에 나오면 안 되는 이야기' 정도가 적당할 것이다.

그때 글을 쓰는 나는 누구였을까. 내 안의 뿌리 깊은 도덕과 규율에서 완전히 자유롭길 바랐던 누군가가 아주 짧은 시간 동안 나를 통해(이용해) 그곳에 글을 썼다. 모든 것에서 자유로운 자만이 내뱉을 수 있는 주제와 내용으로 가득한 그 휴대전화 속 노트가 있어서 그래도 지금까지 살아 있는 건지도 모른다.

하루는 집에 온 친구에게 그 노트의 존재를 밝히며 '만일 세상에 알려지면 나는 그 즉시 매장당하거나, 어떠한 진실을 밝힌 인류 최초의 인물로 추앙될 것'이라고 했더니 그녀가 '그러다 미치지 말고 인스타에 그림이나 글을 올려보면 어떠냐'고 권했다. 그래서 펜으로 눈앞의 커피를 한번 그려본 것이다. 그게 시작이었다.

원근감이나 묘사력이 현저히 떨어지는 그림. 그러나 그림을 그리는 동안에는 대상을 한참 응시해야 하니 그것도 꽤 괜찮은 몰입의 핑계이자 현실도피 수단이 되는 것 같았다. 인스타를 개설해 그림을 올렸더니 몇몇 친구들이 좋아요를 눌러주었다. 그러다 다이소에서 48색 크레파스를 사서 수영하는 사람들을 그렸는데, 이번에는 친구들이 나보고 천재라고 댓글을 달았다.

그렇게 그림을 그리기 시작한 지 꽤 시간이 지나고 나서야 나는 아이를 그려보았다. 휴대전화로 찍은 아이 사진을 들여다보며 그림을 그리고 있는데, 아이를 이토록 한참 쳐다보고 있는 게 오랜만이라는 생각이 들었다. 아이는 살아 있었다. 아이는 살아낸 것이다.

요즘은 어릴 때 쓰던 그림일기용 스케치북에 일기를 쓰고 그림을 그려 인스타에 올리고 있다. 그림일기를 쓰는 과정을 촬영하기 위해 거치대를 설치하고 요란을 떨고 있으면, 그 과정이 제법 그럴듯해 내가 작가가 된 듯한 기분이 든다. 아이에 관한 제법 진지한 글에 인도나 샌프란시스코에 살고 있는 누군가 좋아요를 누르고 가면 나는 또 어쩔 수 없이 막 신이 난다.

초급 레인에서 바라본 선배들(중급, 상급 레인)의 화려한 동작.
인스타에 올렸을 당시 천재설이 돌았던 그림이다.

굳이 저렇게 또 억지로 아이 손에 뭐라도 쥐여주고
아이의 몸이 무언가를 느끼도록 하고야 마는 나.
이것은 사랑일까 아니면 집착(미련, 욕심, 어리석음의 총합)일까.

이 그림일기 작업은 내 일상을 기록해두기 위한 목적도 있지만, 하루 중 어떤 생각이나 느낌이 강하게 떠오를 때마다 '이따가 이거 일기에 적어야겠다'고 생각하면 또 그 사건에 대한 단상을 간단히 메모하는 데 시간을 들일 수도 있고, 거기에 집중하며 현실을 잠시 잊을 수도 있어 온 정성을 기울이고 있다.

나는 여태 그랬듯 대상만 바꾸어 그 뒤에 숨어 현실을 살아내고 있는 중이고, 앞으로도 그럴 것 같다.

에필로그

나는 앞으로도 이 아이를
사랑하고 미워할 것이다

 TV 속 후원 광고에 나오는 장애아의 엄마들은 결국 다음과 같은 말을 하고 싶은 것 같았다. 이 아이를 잃게 될까 봐(제때 치료도 못 받고 그러다 아이가 죽게 될까 봐) 너무 두렵다는 것. 그러지 않을 수 있도록 좀 도와달라는 것. 그럴 때면 생각했다. 솔직히 지금 저 사람, 반대로 말한 거 아닐까? 나는 얼른 채널을 돌렸다.

 나는 아이가 계속 살아 있을까 봐 그게 두려웠다. 아이 병간호만 하다가 내 인생을 다 써버려야 하는 상황도 싫었고, 언젠가 내가 아이보다 먼저 죽는 순간에 나 없는 세상에 덩그러니 눈 끔뻑이며 살아 있을 아이의 모습을 떠올리는 것은 그야말로 상상할 수 있는 가장 끔찍하고 슬픈 결말이었다.

어쩌다 이렇게 됐을까. 배 속의 아이 심장 소리를 처음 들었을 때 내가 그토록 감격했던 것은 이 아이로 인해 앞으로 내 인생이 더욱 의미 있고 보람차며, 바쁘지만 활기차고, 힘들지만 기쁘고, 이따금 감동적인 일들을 겪게 되리라 상상했기 때문일까.

임신 사실을 알게 됐을 때, 어떤 '예상 가능한 보통의 삶'에 진입한 것을 축하하는 선물 보따리를 받은 듯 기뻤다. 결혼은 했으나 아이는 없는, 뭔가 중요한 것을 못하고 있는 것 같은 상태에서 마침내 벗어난 그 해방감에 나는 그제야 마음을 놓았다.

그리고 여태 내 인생이 그렇게 흘렀듯 '대체로는 행운이 따르는 전개'가 당연히 내 앞에 기다리고 있을 거라 확신했다. 그리고 배 속의 아이로 인해 인생에서 확보된 몇몇 감격스런 순간을 상상한 나머지, 나는 이제 생겨난 지 겨우 6주로 추정된다는 아이의 심장 소리에도 눈물이 나버렸던 거겠지.

태어나기도 전에 이미 내 삶의 큰 의미를 짊어지고 있던 그 아이는 1.03킬로그램으로 태어나야 했고, 세상에 나오자마자 호흡이 끊기는 공포를 경험했다. 산모 이름에 내 이름이 적혀 있는 집중치료대(인큐베이터에 들어가기도 위험한 상황의 아이들이 누워 있는 바구니) 속 아이의 허벅지는 내 가운뎃손가락의 가장 두꺼운 마디 정도의 굵기였다. 머리는 내 주먹을 아무리 꽉 쥐어 최대한 작고 둥글게 만들어보아도 그보다 작았다.

머리에 차고 있는 물을 빼기 위해 아이 머리에 꽂아놓은 관에서 빨간 뇌척수액이 흘러나오면, 왜 하필 저 아이가 내 아이일까 생각했다. (당시에는 내가 그런 생각을 하고 있는지조차 의식하지 못했다. 어쩌면 이것이 내 현실도피의 시작점이었을 것이다.) 아이를 위해 울고, 기도하고, 슬퍼하고 있다고 믿었던 시간 중에 정말 아이를 위해 그랬던 시간은 얼마나 될까. 있기나 했을까. 나는 아이가 혼자 감당하고 있을 고통을 생각하며 가슴 통증을 자주 느끼면서도, 저 죽은 고양이 좀 내 앞에서 치워달라며 울부짖는 꿈을 꾸었다.

이 아이가 비록 몸이 불편한 아이지만 나는 이 아이를 너무 사랑한다거나, 이 아이가 살아 있다는 사실만으로도 감사하다는 말들이 불편했다. 나는 엄마가 되지 않았어야 했다고 생각했고, 그보다 내가 더 분명히 알 수 있는 건 세상에 없을 거라 확신했다. 도망치고 싶었고 취소하고 싶었다.

그때 내가 듣고 싶었던 말은 장애가 있는 이 아이를 우리가 얼마나 사랑할 수 있는지에 관한 것이 아니라, 이 아이를 얼마나 미워해도 되는지에 대한 허락 같은 건 아니었을

지 생각한다. 태어남과 동시에 나를 울게만 만든 그 아이를 미워하고 원망해도 된다고. 사랑이란 어차피 시간 위에 만들어지는 것이니 지금은 죄 없는 아이에게 다 뒤집어씌우고 잠시 울어도 된다고.

이제 나는 편해졌다고 할 수 있을까? 이제는 아이의 장애를 인정했다 말할 수 있을까? 곰곰이 생각하다 이런 생각을 한다. 아니, 내가 왜 그래야 하지? 내가 왜 이 황당한 삶의 전개에 편안해야 하고, 아이의 장애를 감당하고 있는 것도 모자라 기꺼이 받아들이기까지 해야 하지?

나는 결코 그럴 수 없을 것이다. 나는 언제까지나 아이의 장애 앞에 슬프고 죄스럽고 억울할 것이며, 그런 마음이 나를 완전히 잡아먹기 전에 오늘은 꼭 그 카페에서 말차치즈케이크 사 먹겠다 결심하고, 이번 주말에는 어떻게든 수영을 꼭 해야겠다 다짐하면서 살아갈 것이다.

내 아이를 흘깃 보며 '세상에나 어쩜 저런 일이' 하고 깜짝 놀라고선 놀라지 않은 척 애쓰며 우리를 스쳐가는 누군가의 눈빛에 앞으로도 눈 부릅뜨고 (우린 끄떡없다는 듯 안 흔들린 척 애쓰며) 흔들릴 것이고, 진료실에서 듣게 될 아이에 대한 의학적 소견에 끝없이 두렵고 막막할 것이다.

아이와 떨어져 있는 모든 시간에 혹시 급한 연락이 올까 한 번씩 휴대전화 화면을 힐끗거리면서 옆에 있는 누군가가 전하고 있는 어제 있었던 웃긴 이야기에 깔깔대고 같이 웃을 것이며, 그런대로 평온한 하루를 보내는 것 같다가도 여기서 도대체 뭘 어떻게 행복하라는 것인가 낙담할 것이다.

그러면서도 어느새 또 자라 있는 아이의 손톱을 깎으며 애는 왜 이렇게 손톱까지 귀여운가 내 아랫입술을 세게 깨물 것이고, 한 번씩 빤히 쳐다보게 되는 아이 손등과 발등의 주삿바늘 자국을 바라보며 오늘 이 하루를 살기 위해 이 아이가 지나온 시간들에 대해 묵상할 것이다.

분명 6년 전에는 사지마비 진단을 받았는데 아침에 일어나보니 어떻게 올라간 건지, 누워 있던 곳에서 1미터 위로 올라가 자고 있는 아이의 모습에 완전히 반할 것이고, 아이가 방귀를 뀌면 그 구수한 냄새가 공기 속으로 사라져버리는 것이 아까워 얼른 아이 엉덩이에 내 코를 바짝 가져다 댈 것이다.

나는 앞으로도 이 아이를 사랑하고 미워할 것이다.

마이 스트레인지 보이

초판 1쇄 발행 2022년 7월 1일
초판 2쇄 발행 2025년 8월 18일

지은이 이명희
편집 나희영
디자인 원과사각형

펴낸곳 에트르
등록 2021년 11월 10일 제2021-000131호
이메일 etrebooks@gmail.com
인스타그램 @etrebooks

글·그림 ⓒ 이명희 2022

ISBN 979-11-978261-0-8 03810

이 책의 일부 또는 전부를 재사용하려면
반드시 저작권자와 에트르 양측의 동의를 받아야 합니다.
잘못된 책은 구입하신 서점에서 교환해드립니다.